學會三元玄空這本最好用

黃恆堉、李羽宸◎著

作者序：黃恆堉

多年來基於興趣及在職需求，已無法停止對風水相關知識的探索研究及印證，風水在華人世界中一直佔有相當的地位，看似單純但其中內容卻包羅萬象，幾千年的流傳加上科學知識不斷的質疑，仍能屹立不搖，可見必有其重要性。

葬經內篇中有說明：所謂風水就是氣乘風則散，界水則止，聚之使不散，行之使有止，故風水之法，得水為上，藏風次之。單單幾句話，卻有許多風水陽宅不同派系的不同詮釋，在後學的認知中，各派學理都必須尊重。

本書內容是以二十四山為基礎論點：根據「坐」「向」間之飛星在八卦中，依不同飛星碰撞所產生的現象來印證一切的事實，以及如何來開運制煞，讓居住環境得到最安心的保障，此學派風水的口訣竅門較多，涵蓋內容廣泛是屬於較難學習的一門陽宅派門，經過多年的整理，讓繁瑣的理論及實務的操作變得更簡單化，可以這麼說看同類的書來學習需花一年來消化吸收，但依本書的編寫來學習可以省下60%的時間，且更容易吸收。

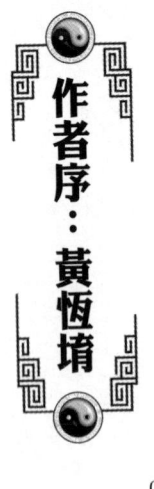

這是經過多年的資料收集及同業中相互印證探討，發現若沒有一套較有規律及實務的操作法則，要入門可要花較多的時間，故此與同業的李羽宸老師整理編輯，讓對三元玄空有興趣的朋友可以利用最快且有系統的方式入門，以循序漸進的方式學習，讓學習對三元玄空的運用會更清楚明確。

坊間有一順口溜：「羅經差一線，富貴不相看。」本書已經針對立向角度不佳的房子如面向【騎線】、【兼線】、【坐雙山】等宅向的屋宅都一一整理出，讓所有讀者有更明確的參考。

本書第一章；是從三元玄空派之整體概念，做有規律介紹及房屋格局好壞的評斷，這是初學者必須要學習的基本概念，清楚後才能進一步的診斷規劃到房屋的吉凶。不管買屋或租屋首先選擇哪一種坐山的方位，門要朝哪一方向以及陽宅內局各方位要如何佈局才能趨吉避凶。至於要如何讓全家人取得好運，在第二章有詳細說明。

第三章將談到若遇刑煞要如何化解，這也是最需要深入探討的，接下來一家人因年齡不同，命卦也不相同，如何安排最適合的房間、樓層也有提供參考。

最後兩章則談到，如何催旺目前所居住的房子以及在選擇租屋或買屋時如何依據三元玄空的學術理氣選擇最符合自己的房子，讓我們所居住的屋宅變得更得心，更開運。當然在做房屋規劃時，不能只有考慮主人方位問題，而是要規劃一間房子讓全家人都適得其所，當然所考慮的就有很多項目，如從大門、客廳，房間、廚房、神位、廁所……等都需考慮在內。

最後一章將會引導您學習了三元玄空派之後，如何在實務的操作上有規律的來完成診斷一間陽宅各方位吉凶以及如何來開運避煞，讓您真正看完本書後就能自我DIY的來實驗，這是一件多麼愉快的事啊！

內容都有詳細舉例說明，三元玄空固然好用，但如能在不衝突下參考其他學派的理論那就更圓滿。

祝各位有緣人，身體健康，萬事如意，感恩一切。

台中市五術教育協會　創會理事長　**黃恆堉**

甲午年春季於吉祥坊易經開運中心

網址：www.abab.com.tw　04-24521393

作者序：李羽宸

河圖與洛書為八卦之來源，乃出自於易經。繫辭傳上曰：「河出圖，洛出書，聖人則之。」但可惜的是圖與書早已失傳，疑為失於周幽王或毀於秦始皇之時。另一種「河圖洛書」的說法是指，中國傳統文化五千年以來的「河洛文化」。「河圖洛書」乃是發現於黃河及洛水一帶的殷商甲骨文，在名為洛書的甲骨中，記載了縱橫圖。

伏羲是我國傳說中的三王五帝之一，在他為王的時代，就對日月星辰、氣候天象、草木興衰等等有很深的觀察與認識。直到有一天，黃河中忽然躍出了「龍馬」，也就在此時，他發現龍馬身上的圖案，與自己一直觀察萬物「意象」完全神合，於是伏羲運用龍馬身上的圖案，與自己的觀察，將之繪成圖案叫做河圖。

自伏羲發現河圖，經過了八百年左右，當時洪水氾濫成災，百姓叫苦連天，於是大禹銜命治水，且當時剛新婚，卻數次經過家門而不入，其悲天憫人、因公忘私、無悔無怨的胸懷，當今還是為後代世人所津津樂道。當時大禹始終找不到治水的良策，後來他發現一隻神龜出現在洛水，背上甲裂成紋繪成圖案叫做洛書。

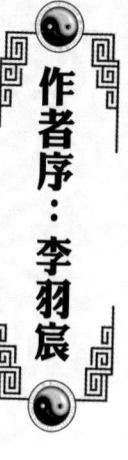

「三元」分為上元、中元、下元，每一元為六十年，稱為大運。三元共為一百八十年，在每元的六十年當中，每元又分為三運，所以總共是九運，每運二十年，稱為小運。而每運二十年期間，佐以北斗七星之輪值，而形成九宮星運。

「玄空」乃天地之萬物。玄者為一為陽起於子，是屬於最高大的，又屬變化為時間開端之意；空者為空間無常之意，為陰起於午。天地之萬物，因為時間與空間而有所變化，亦即「玄空」二字，從一至九之數，皆非定數。玄空秘旨云：「不知來路，焉知入路，盤中八卦皆空；未識內堂，焉識外堂，局裡五行盡錯。」其中所述之「來路入路」與「內堂外堂」並非指山川砂水之形態，而是指「理氣」而立的玄空飛星盤。

「來路」指的是各個元運；「入路」指的是坐山立向。而因為元運會隨著時間而做改變，於是坐山立向的理氣吉凶也會起變化。比如同一間陽宅，於七運期間（西元一九八四～二〇〇三年）為吉，但在八運期間（西元二〇〇四～二〇二三年）有可能轉吉為凶，所以「來路」的變易，對於「入路」的吉凶至為重要，故曰盤中八卦皆空。「內堂」指的是旺神，如八運以八白為旺，九紫為生氣；「外堂」指的是砂水方位。

玄機賦云：「大哉居乎，成敗所係；危哉葬也，興廢攸關。」可謂陽宅重氣口，陰宅重龍穴，說明不管陽宅或陰宅，皆須注意風水的吉凶。陽宅居之關乎成敗，陰宅墓地關乎興廢，此乃道出「三元玄空」為陰陽兩宅可用。

台南市三大名匾之一，「了然世界」匾額高懸於正殿之上，主祀三寶佛的竹溪寺。「了然世界」喻意心胸寬廣，為人處世通情達理，賢賢易色，方能達到領悟真理，明心見性的佛學境界。口說好話，心想好意，手做好事，腳走好路，這是合為一體的四句話。亦即說出來的話要與心裡的想法一致，正正當當又有善意，而且說到做到，多做善事，多積功德，則一切不好的現象，將會迎刃而解。

所謂：「入門三相，便知其家。」陸陸續續「陽宅系列」書籍付梓，包括：《學會八宅明鏡，這本最簡單》、《學會三元玄空，這本最好用》、《學會乾坤國寶，這本最容易》、《學會紫白飛星，這本最好學》、《學會各派羅盤，這本最正確》等，旨在導正一般人對於陽宅正確的認知，祈使每位讀者都能夠深得其用，自助而助人。最後謹以「中國五術教育協會」三尊保護神：謙虛、尊重、禮讓，與大家共勉，祝福大家、謝謝大家，感恩！感恩！再感恩！

高雄市五術教育協會 理事長 李羽宸
甲午年孟春謹序於吉謙坊命理開運中心
網址：www.3478.com.tw 0930—867707

作者序：黃恆堉 002
作者序：李羽宸 005

第一章 三元玄空派整體概念

第一節 玄空之三元九運概述 018
第二節 玄空飛盤排運盤（天盤、地盤） 023
第三節 排向盤、山盤（下卦圖） 025
第四節 排起星圖（替卦圖） 034
第五節 玄空八運二十四山各方位飛星列表 041
第六節 玄空格局之旺山旺向局 045
第七節 玄空格局之雙星會向局 047
第八節 玄空格局之雙星會坐局 049
第九節 玄空格局之上山下水局 051
第十節 玄空格局伏吟、反吟介紹 053
第十一節 九運旺衰吉凶方位表 056
第十二節 玄空格局三般卦 060
第十三節 玄空格局合十歸中局 062
第十四節 玄空格局七星打劫 064
第十五節 玄空格局城門訣 069
第十六節 玄空格局令星入囚 076
第十七節 玄空格局收山出煞 079

第十八節 如何改換宅運 082
第十九節 玄空法中，如何運用開運風水物品來改變格局 083
第二十節 雙星交會論斷法 092

第二章 三元玄空陽宅診斷及佈局

第一節 三元玄空陽宅內六事概論 101
第二節 八運二十四山雙星交會論斷與佈局 106
下元八運：壬山——屋外及屋內八大方位佈局 106
下元八運：子山、癸山——屋外及屋內八大方位佈局 109
下元八運：丑山——屋外及屋內八大方位佈局 112
下元八運：艮山、寅山——屋外及屋內八大方位佈局 114
下元八運：甲山——屋外及屋內八大方位佈局 117
下元八運：卯山、乙山——屋外及屋內八大方位佈局 119
下元八運：辰山——屋外及屋內八大方位佈局 122
下元八運：巽山、巳山——屋外及屋內八大方位佈局 124
下元八運：丙山——屋外及屋內八大方位佈局 127
下元八運：午山、丁山——屋外及屋內八大方位佈局 129
下元八運：未山——屋外及屋內八大方位佈局 132
下元八運：坤山、申山——屋外及屋內八大方位佈局 135
下元八運：庚山——屋外及屋內八大方位佈局 138
下元八運：酉山、辛山——屋外及屋內八大方位佈局 140

下元八運：戌山——屋外及屋內八大方位佈局 142
下元八運：乾山、亥山——屋外及屋內八大方位佈局 144

第三章 玄空山星與向星之組合剋應與化解

第一節 玄空屋宅方位九星飛泊總論 149
第二節 組合剋應之開運制煞佈局法 178

第四章 玄空屋宅各樓層吉凶現象簡述

第一節 房子的坐向與樓層對應論吉凶 191
第二節 本命卦與房子樓層對應論吉凶 196

第五章 玄空屋宅二十四山立向剋應

第一節 【騎線】、【兼線】、【坐雙山】宅向之影響 205
第二節 二十四山爻法——陰陽宅立向應驗表 210

第六章 玄空陽宅催旺財運開門法

第一節 八運各坐山最佳選擇之開門方位 218
第二節 房門——開門六十四卦吉凶論法 223

第七章 玄空自動找出八運、九運好與壞格局之房子
第一節 八運最佳之坐向格局 257
第二節 八運最差之坐向格局 261
第三節 九運最佳之坐向格局 266
第四節 九運最差之坐向格局 268
第五節 生基造福開運祕法 270
第八章 實際範例：陽宅診斷與規劃
三元玄空排盤軟體試用版安裝與功能解說 329

第一章 三元玄空派整體概念

玄空風水之基礎乃是建立於三個系統之上，是為「河圖」、「洛書」、「八卦」，三個系統合而為一，就是所謂的「圖學之說」。

河圖與洛書為八卦之來源，乃出自於易經。繫辭傳上曰：「河出圖，洛出書，聖人則之。」但可惜的是圖與書早已失傳，疑為失於周幽王或毀於秦始皇之時。

另一種「河圖、洛書」的說法是指，中國傳統文化五千年以來的「河洛文化」。「河圖洛書」乃是發現於黃河及洛水一帶的殷商甲骨文，在名為洛書的甲骨中，記載了縱橫圖。

河圖：

伏羲是我國傳說中的三王五帝之一，在他為王的時代，就對日月星辰、氣候天象、草木興衰等等有很深的觀察與認識。直到有一天，黃河中忽然躍出了「龍馬」，也就在此時，他發現龍馬身上的圖案，與自己一直觀察萬物「意象」完全神合，於是伏羲運用龍馬身上的圖案，與自己的觀察，將之繪成圖案叫做河圖（如圖所示）。

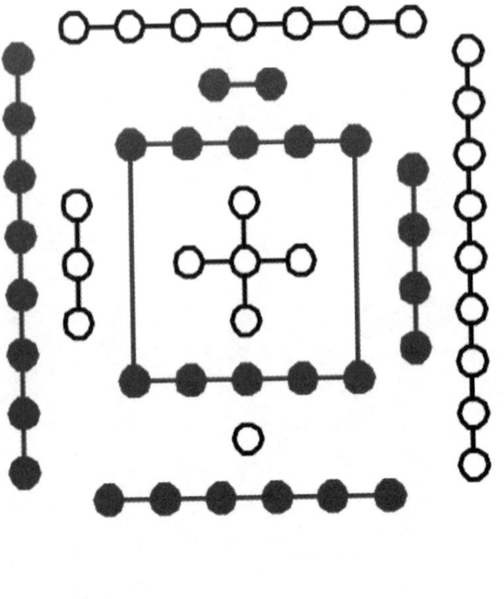

將五行配上河圖：

一、六在北共宗水（天一生壬水、地六癸水成之）。

二、七在南同道火（地二生丁火、天七丙火成之）。

三、八在東為朋木（天三生甲木、地八乙木成之）。

四、九在西為友金（地四生辛金、天九庚金成之）。

五、十居中同途土（天五生戊土、地十己土成之）。

圖中白點為陽，黑點為陰，其每個方位的數字相差數皆為五。

除了中央土五、十之外，不管陽數或陰數皆為順時針轉向，表示五行相生依序為：一、六北方水生三、八東方木；三、八東方木生七、二南方火；七、二南方火生五、十中央土；五、十中央土生九、四西方金；九、四西方金生一、六北方水。

此河圖為伏羲先天八卦之根源，其順序皆為陰陽相配、相生始能生成。

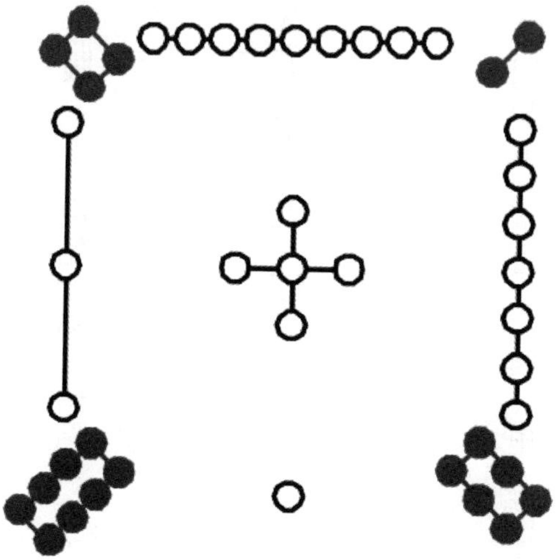

洛書：

自伏羲發現河圖，經過了八百年左右，當時洪水氾濫成災，百姓叫苦連天，於是大禹銜命治水，且當時剛新婚，卻數次經過家門而不入，其悲天憫人、因公忘私、無悔無怨的胸懷，當今還是為後代世人所津津樂道。當時大禹始終找不到治水的良策，後來他發現一隻神龜出現在洛水，背上甲裂成紋繪成圖案叫做洛書（如圖所示）。

此乃所謂：「載九履一，左三右七，二四為肩，六八為足，五居腹中。」白點為陽，黑點為陰，除五之外，陽數一（北方）、三（東方）、七（西方）、九（南方）在四正方；陰數二（西南方）、四（東南方）、六（西北方）、八（東北方）在四隅方。

洛書由逆向轉序為相剋：一、六水剋七、二火；七、二火剋九、四金；九、四金剋三、八木；三、八木剋中央土五；中央土五剋一、六水。

八卦：

八卦分為先天八卦與後天八卦，先天為體配上「河圖」，後天為用配上「洛書」，研究風水的第一法則，就是要將先後天「河圖洛書」的八卦圖其方位與五行熟記。

先、後天八卦圖：

如先後天八卦圖檔所示，乾坤、離坎、震巽、艮兌在先天八卦為相對。若以八卦五行人物為喻，乾為父，坤為母；震為長男，巽為長女；坎為中男，離為中女；艮為少男，兌為少女。如此的關係，稱為父母生六子，其原理如圖檔。

是故乾震坎艮為男系，屬陽；坤巽離兌為女系，屬陰。在後天八卦由乾開始順時針四個方位都是陽位，分別是乾（老父）、坎（中男）、艮（少男）、震（長男）；由巽開始順時針四個方位都是陰位，分別是巽（長女）、離（中女）、坤（老母）、兌（少女）。

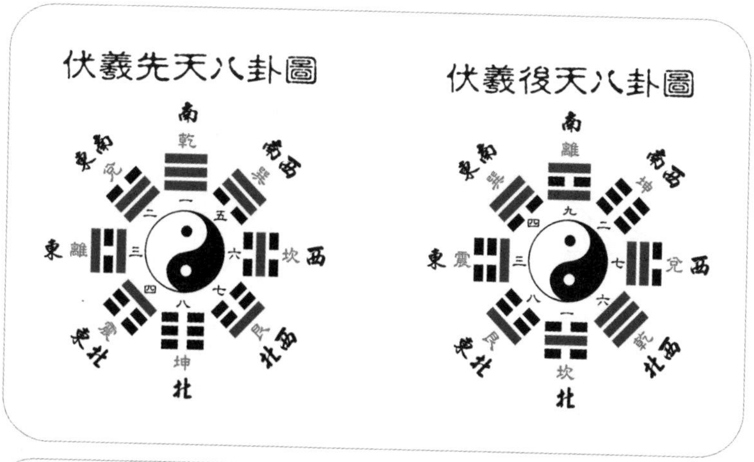

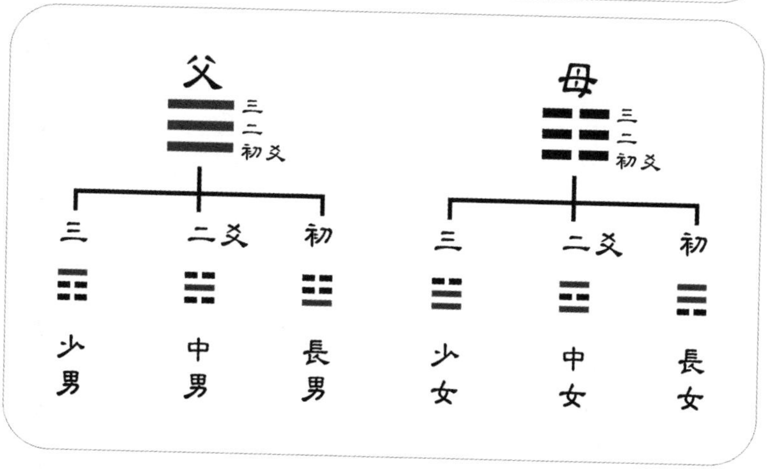

第一節 玄空之三元九運概述

玄空「三元」，是指上元甲子、中元甲子、下元甲子而言，一甲子統六十年，三元共管一百八十年。以洛書九宮之一白坎、二黑坤、三碧震、四綠巽、五黃中、六白乾、七赤兌、八白艮、九紫離來配置，八方和中央合成九方位，分成上元、中元、下元，每一元管三個卦數，因此稱它為「三元九運」。

上元甲子管一白坎、二黑坤、三碧震，共六十年。

中元甲子管四綠巽、五黃中、六白乾，共六十年。

下元甲子管七赤兌、八白艮、九紫離，共六十年。

但是正確的地理之學及零正法配合，上元運為一、二、三、四運，下元運為六、七、八、九運，中元運為五運中獨一局。每運為二十年，三元九運合計為一百八十年，九運走完再接回一運，如此循環不已。

大運：每元運管六十年。

上元	一白水	1864 年立春起至 1923 年立春止
中元	四綠木	1924 年立春起至 1983 年立春止

下元	七赤金	1984年立春起至2043年立春止

小運：每卦運管二十年。

上元	一白水	1864年立春起至1883年立春止
	二黑土	1884年立春起至1903年立春止
	三碧木	1904年立春起至1923年立春止
中元	四綠木	1924年立春起至1943年立春止
	五黃土	1944年立春起至1963年立春止
	六白金	1964年立春起至1983年立春止
下元	七赤金	1984年立春起至2003年立春止
	八白土	2004年立春起至2023年立春止
	九紫火	2024年立春起至2043年立春止

中宮立極：

三元玄空風水之要在於「中宮立極」，也就是三元九運的上元、中元、下元，以及一白、二黑、三碧、四綠、五黃、六白、七赤、八白、九紫各個元運。

上元甲子～癸未二十年屬於一白運，為「一運」立極；

上元甲申～癸卯二十年屬於二黑運，為「二運」立極；

上元甲辰～癸亥二十年屬於三碧運，為「三運」立極；
中元甲子～癸未二十年屬於四綠運，為「四運」立極；
中元甲申～癸卯二十年屬於五黃運，為「五運」立極；
中元甲辰～癸亥二十年屬於六白運，為「六運」立極；
下元甲子～癸未二十年屬於七赤運，為「七運」立極；
下元甲申～癸卯二十年屬於八白運，為「八運」立極；
下元甲辰～癸亥二十年屬於九紫運，為「九運」立極。

「立極」就是將此運星佈入九宮的中央，中央已定之後，便能夠分陰陽順飛或逆飛九星，予以定吉凶。而目前為下元運，屬於「八運」立極，由西元2004年立春起至2023年立春止，共二十年，在「八運」中，「五黃」飛入西南方「坤宮」，「五黃」為大凶煞，故對於西南方不利。

七	三	五
六	八	一
二	四	九

卦運分配法：

上元運合計有十六卦可用：坤、巽、離、兌、觀、睽、革、升、晉、中孚、明夷、大過、臨、萃、鼎、家人卦用之大吉。

上元運合計有十六卦勿用：剝、豐、履、井、比、歸妹、同人、蠱、姤、賁、節、豫、否、損、既濟、恆卦用之大凶。

下元運合計有十六卦可用：剝、豐、履、井、比、歸妹、同人、蠱、姤、賁、節、豫、否、損、既濟、恆卦用之大吉。

下元運合計有十六卦勿用：坤、巽、離、兌、觀、睽、革、升、晉、中孚、明夷、大過、臨、萃、鼎、家人卦用之大凶。

上下元運三十二卦吉凶參半：乾、艮、坎、震、大壯、蹇、无妄、需、小過、訟、頤、遯、大畜、屯、解、夬、謙、渙、噬嗑、大有、漸、師、隨、復、困、旅、小畜、泰、咸、未濟、益、蒙卦用之吉凶參半。

（如圖檔所示）

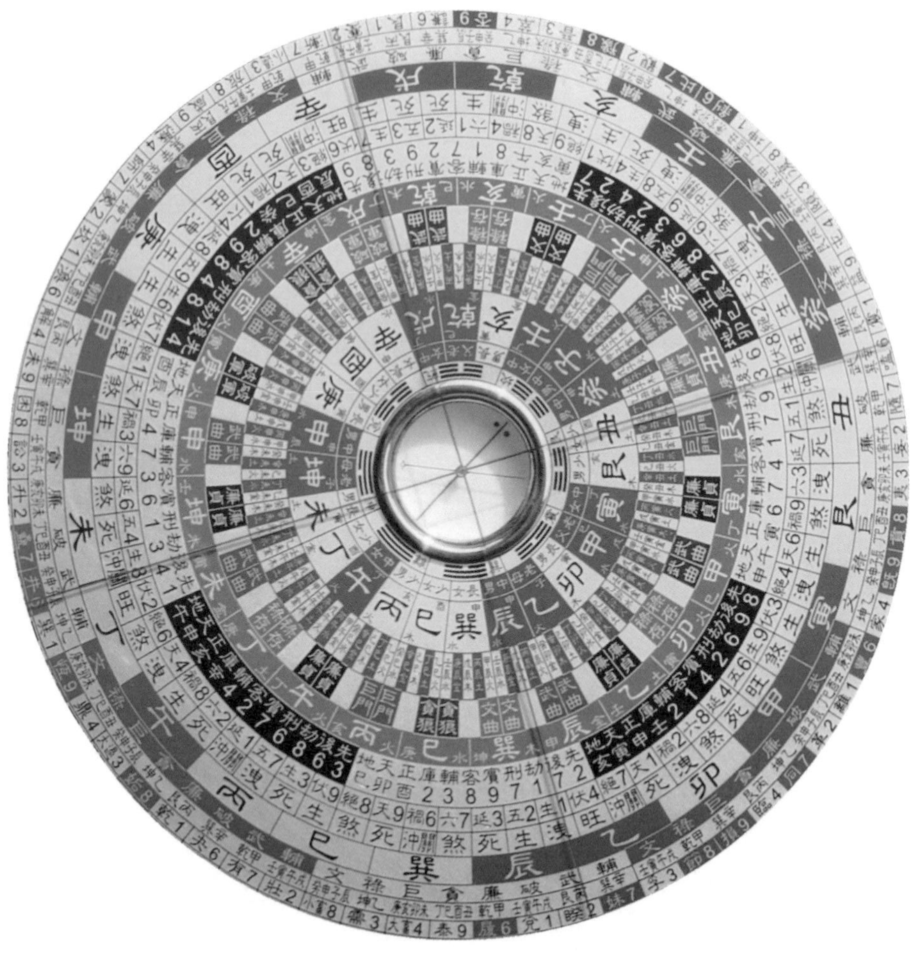

易經堪輿六十四卦

第二節 玄空飛盤排運盤（天盤、地盤）

天盤之飛星是隨三元九運而改變的，三元分為上元、中元、下元，每一元為六十年，稱為大運。三元共為一百八十年，在每元的六十年當中，每元又分為三運，所以總共是九運，每運二十年，稱為小運。而每運二十年期間，佐以北斗七星之輪值，形成了九宮星運。

以元運數代入中宮順向飛泊，如圖所示：

三元九運表（以立春交時）

三元	天干地支	年代	九運	輪值星	九宮	五行	方位	24山
上元60年	甲子～癸未	同治03年～光緒09年	一運	貪狼星	一白	坎水	北方	壬子癸
	甲申～癸卯	光緒10年～光緒29年	二運	巨門星	二黑	坤土	西南	未坤申
	甲辰～癸亥	光緒30年～民國12年	三運	祿存星	三碧	震木	東方	甲卯乙
中元60年	甲子～癸未	民國13年～民國32年	四運	文曲星	四綠	巽木	東南	辰巽巳
	甲申～癸卯	民國33年～民國52年	五運	廉貞星	五黃	中土	中央	中央
	甲辰～癸亥	民國53年～民國72年	六運	武曲星	六白	乾金	西北	戌乾亥
下元60年	甲子～癸未	民國73年～民國92年	七運	破軍星	七赤	兌金	西方	庚酉辛
	甲申～癸卯	民國93年～民國112年	八運	左輪星	八白	艮土	東北	丑艮寅
	甲辰～癸亥	民國113年～民國132年	九運	右弼星	九紫	離火	南方	丙午丁

七	三	五
六	八	一
二	四	九

八運就是將八代入中宮飛泊

八	四	六
七	九	二
三	五	一

九運就是將九代入中宮飛泊

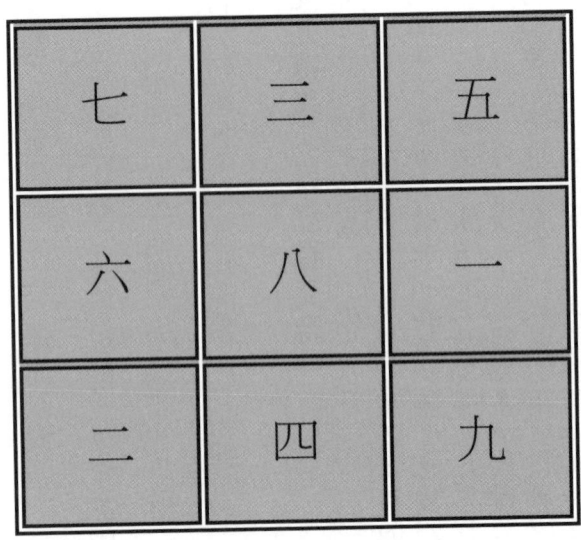

第三節 排向盤、山盤（下卦圖）

山星與向星之涵義：

1、**山星（後山）：**

包含山巒高峰、土石墩牆、高樓建物、高壓電塔、橋樑、水塔、大樹、廟宇、假山、煙囪等高出地面許多之物。在室內則是指神位、保險箱、運動器材、床位、桌位、櫥櫃、廚房、灶台等重且高大的器物，皆屬山星。

2、**水星（明堂）：**

包含大江海域、溪水河川、埤潭溝渠、深谷壕溝、湖泊、道路等低伏之處。在室內則是指大門氣口、通道、門窗、通風口、電梯、浴廁、魚缸等，皆屬水星。

山星與向星代表的物體要在生氣方、旺氣方為吉。反之，若在退氣方、死氣方、殺氣方者為凶。其吉凶現象可對照本章第十一節之九運旺衰吉凶方位表。

坐山當山盤，面向當向盤，將天盤八運元運星數代入中宮飛泊（順飛），山盤在左數字為4、向盤在右數字為3（亦即坐4向3入中宮飛泊）。

例如：八運壬山丙向，壬山為坎卦，其天盤為四，取之入中宮當山盤；丙向為離卦，其天盤為三，取之入中宮當向盤。

丙向

52 七 巽	97 三 離	79 五 坤
61 六 震	43 八	25 一 兌
16 二 艮	88 四 坎	34 九 乾

壬山

本中心有三元玄空專業羅盤，將坐向定位之後，九宮盤便能夠直接排出。

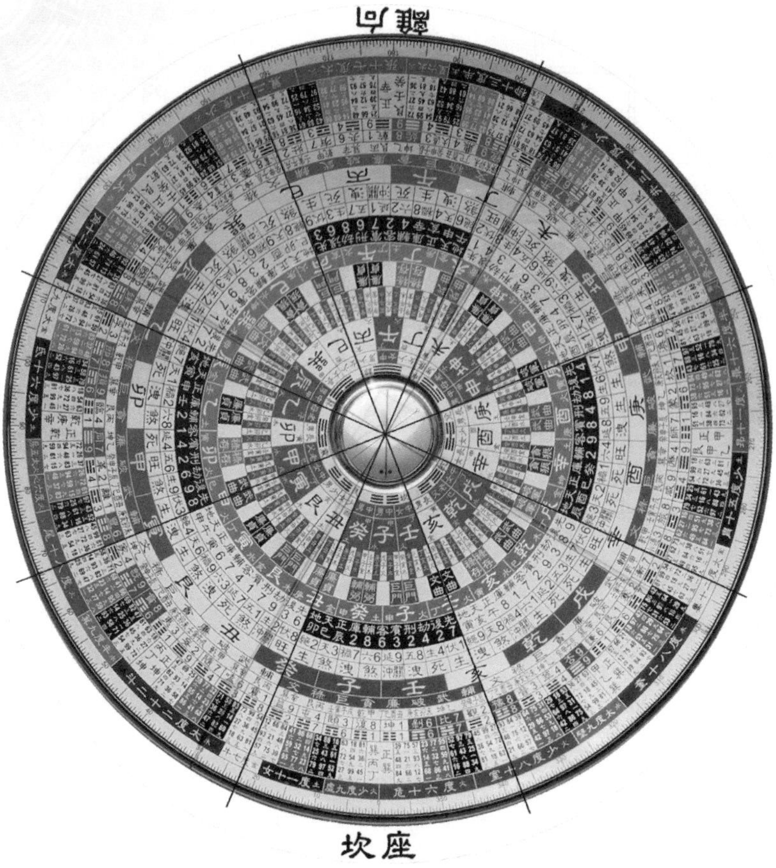

順飛、逆飛星定局公式：

例如：八運壬山丙向為地元龍，壬為「4」入中宮，而4為巽卦，巽卦為辰（地元龍）、巽（天元龍）、巳（人元龍）三山。

壬山為地元龍，對照巽宮的地元龍為「辰」，因為「辰」為陰，故逆飛之如圖所示。

丙向的「丙」為離卦的地元龍，丙向以「3」入中宮，而3為震卦，震卦有甲（地元龍）、卯（天元龍）、乙（人元龍）三山。

丙向為地元龍，對照震宮的地元龍為「甲」，因為「甲」為陽，故順飛之如圖所示。

丙向

52 七 巽	97 三 離	79 五 坤
61 六 震	43 八	25 一 兌
16 二 艮	88 四 坎	34 九 乾

壬山

二十四山玄空大龍卦飛星歌訣：

「大玄空，妙無窮，用九星，挨九宮，分順逆，各不同，每八卦，一卦通，踱何位，落何宮，夫與婦，各相從，隨元運，判吉凶。」

「山管山，水管水，兩條路，不相容。」

「艮寅甲，巽巳丙，坤申庚，乾亥壬，此十二，陽順行。」

「午丁未，酉辛戌，子癸丑，卯乙辰，此十二，陰逆輪。」

「曰子癸，曰卯乙，曰午丁，曰酉辛，兩相比，是雙陰。」

「曰乾亥，曰艮寅，曰巽巳，曰坤申，兩不離，雙陽親。」

「曰庚申，曰丙壬，此四干，單陽名。」

「曰辰戌，曰丑未，此四支，號單陰。」

「分陰陽，定五行，陰轉陽，陽轉陰，有時陽，有時陰。」

「顛顛倒，運中尋，天心換，九宮更，通變化，任橫行。」

「九星」順飛或逆飛的前提，讀者首先必須先了解「二十四山」的陰陽，如下相關圖表所示，「二十四山」依八卦而立，分為地元龍、天元龍、人元龍，而後始分陰陽。

「二十四山」的構成是：「四正卦」，坎、離、震、兌，其天元龍分別是子、午、卯、酉，四地支，地元龍與人元龍分別是兩天干。坎為水，故為壬癸水兩天干；離為火，故為丙丁火兩天干；震為木，故為甲乙木兩天干；兌為金，故為庚辛金兩天干。「四隅卦」，乾、艮、巽、坤，其天元龍就是本身，地元龍與人元龍分別是兩地支。乾為相臨的戌亥，艮為相臨的丑寅，巽為相臨的辰巳，坤為相臨的未申。

依地元龍、天元龍、人元龍的排序，「四正卦」，坎、離、震、兌為「陽陰陰」；「四隅卦」，乾、艮、巽、坤為「陰陽陽」。由於分佈為二陰、二陽相連，於是形成「雙陰」與「雙陽」，而在「挨星訣」當中所說的陰陽，即是如此。參考如下圖案二十四山的排列，一定會更加清楚，則陽皆順飛，陰皆逆飛。

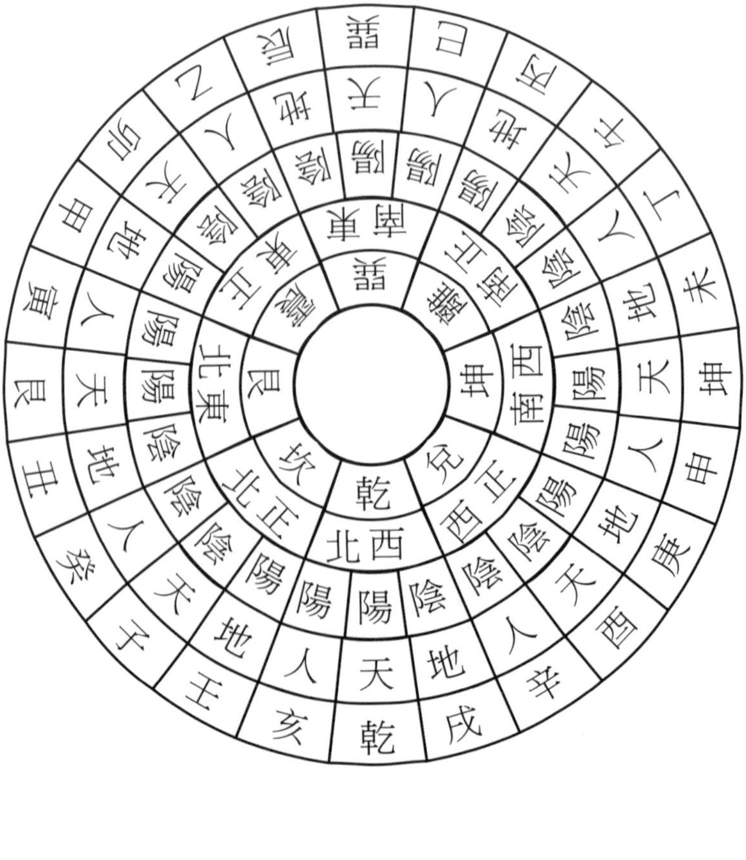

二十四山方位圖

卦位	方位	地元龍	天元龍	人元龍
坎	北方	壬	子	癸
艮	東北方	丑	艮	寅
震	東方	甲	卯	乙
巽	東南方	辰	巽	巳
離	南方	丙	午	丁
坤	西南方	未	坤	申
兌	西方	庚	酉	辛
乾	西北方	戌	乾	亥

順飛逆飛參考表

組別	陽（順飛）	陰（逆飛）
地元龍	甲丙庚壬	辰戌丑未
天元龍	乾坤艮巽	子午卯酉
人元龍	寅申巳亥	乙丁辛癸

若元運星飛至五黃運，其順飛或逆飛，就必須視元運星而定。

例一：以八運元運星「八」入中宮，五黃位飛到坤卦（未坤申），元運星「八」為偶數，則地元龍、天元龍、人元龍的宮位以己戊戊（陰陽陽），和未坤申對照分出順逆飛泊。

七巽	三離	五坤
六震	八	一兌
二艮	四坎	九乾

例二：九運元運星「九」入中宮，五黃位飛到坎卦（壬子癸），元運星「九」為奇數，則地元龍、天元龍、人元龍的宮位以戊己己（陽陰陰），和壬子癸對照分出順逆飛泊如圖所示。

八巽	四離	六坤
七震	九	二兌
三艮	五坎	一乾

五黃位順飛逆飛參考表

大運 一、三、五、七、九			大運 二、四、六、八		
地元龍	天元龍	人元龍	地元龍	天元龍	人元龍
戊	己	己	己	戊	戊
陽	陰	陰	陰	陽	陽
順飛	逆飛	逆飛	逆飛	順飛	順飛

第四節 排起星圖（替卦圖）

一山為15度，每山有五分金，每個分金為3度，立向分金若超過一山中間9度範圍的時候，就要把挨到的運盤「卦數」變成「星數」，再以「星數」分陰陽順逆來飛挨山盤與向盤。因為替卦是以星數代替運數，故名曰「起星圖」。

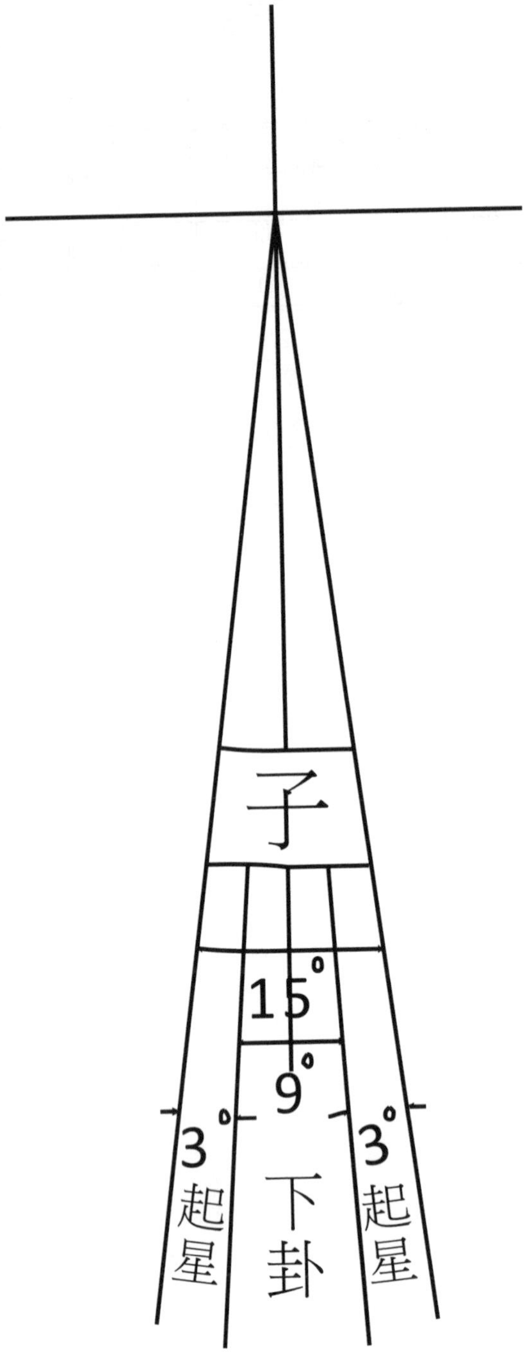

一、替卦盤意義

替卦盤又稱「起星盤」、「翻卦盤」或是「補救向」，凡是元運逢無運之屋宅，或為收水局，需要兼卦或兼向者，此時便能夠以星數來代替佈局，因此稱之為「替卦法」。

二、替卦起星法

替卦法是以「星數」代替「運星」，故曰起星，以星數起挨也！三元玄空使用正向，是以飛星飛泊、下卦為用；如用兼向，則可以使用替卦。

「替星」之法，一直被視為不傳之秘。話說當年蔣大鴻索價二千兩銀，才肯將其替星秘訣教於徒弟，平常必言「天機不可洩漏」矣！後來收了姜汝臯二千兩銀之後，便示以如下口訣。

蔣大鴻歌訣：

子癸並甲申，貪狼一路行【亦即貪狼以（一白）代入中宮】。

壬卯乙未坤，五位是巨門【亦即巨門以（二黑）代入中宮】。

乾亥辰巽巳，連戌武曲名【亦即武曲以（六白）代入中宮】。

酉辛丑艮丙，天星說破軍【亦即破軍以（七赤）代入中宮】。

寅午庚丁上，右弼四星臨【亦即右弼以（九紫）代入中宮】。

三、兼向

坎、坤、震、巽、乾、兌、艮、離，八個卦位。每個卦位各佔45度，一卦有三山，每山各佔15度，每山分為五格分金，每格各三度（又稱三分）。

例如：離卦分為丙、午、丁。

凡是兼向，就是要使用替卦。只是二十四山當中的山向盤，需要用到替卦的只有壬、丑、艮、寅、甲、卯、乙、辰、巽、巳、丙、申、庚等山頭；另外子、癸、午、丁、未、坤、酉、辛、戌、乾、亥等山頭，並無替星可用。蓋因飛星替卦並沒有改變，又須知若逢空亡，便不能使用替卦。

丙山（向）

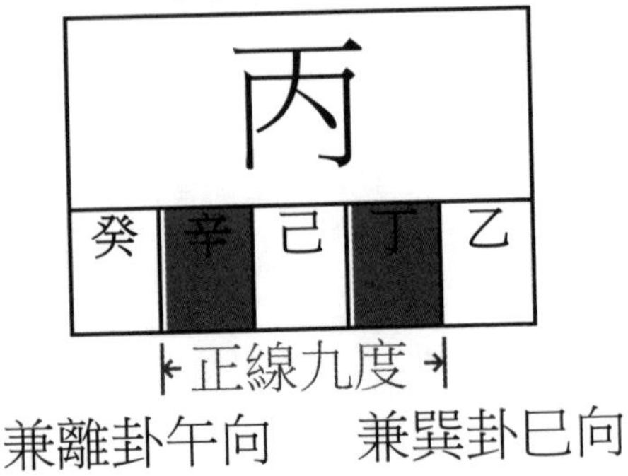

四、替卦盤舉例

例一：七運宅【午山子向兼（丙壬）替卦盤】。

下卦圖：

子向

32 八	77 三	59 一
41 九	23 七	95 五
86 四	68 二	14 六

午山

替卦圖：

子向

31 八	76 三	58 一
49 九	22 七	94 五
85 四	67 二	13 六

午山

1、山盤午山為天元龍，對照元旦盤「二」為坤卦，天元龍為坤山，坤山之起星訣為巨門「二黑」，以2代入中宮飛泊，坤為陽，則飛星順飛。

歌訣：壬卯乙未坤，五位是巨門【亦即巨門以（二黑）代入中宮】。

2、向盤子向為天元龍，對照元旦盤「三」為震卦，天元龍為卯山，卯山之起星訣同樣為巨門「二黑」，以2代入中宮飛泊，卯為陰，則飛星逆飛。

歌訣：壬卯乙未坤，五位是巨門【亦即巨門以（二黑）代入中宮】。

例二：八運宅【庚山甲向兼（申寅）替卦盤】。

下卦圖：

甲向

43 二	88 六	97 七
61 四	16 八	52 三
25 九	34 一	79 五

庚山

替卦圖：

甲向

53 二	98 六	17 七
71 四	26 八	62 三
35 九	44 一	89 五

庚山

1、山盤庚山為地元龍，對照元旦盤「一」為坎卦，地元龍為壬山，壬山之起星訣為巨門「二黑」，將2代入中宮飛泊，壬為陽，則飛星順飛。

歌訣：壬卯乙未坤，五位是巨門【亦即巨門以（二黑）代入中宮】。

2、向盤甲向為地元龍，對照元旦盤「六」為乾卦，地元龍為戌山，戌山之起星訣為武曲「六白」，將6代入中宮飛泊，戌為陰，則飛星逆飛。

歌訣：乾亥辰巽巳，連戌武曲名【亦即武曲以（六白）代入中宮】。

第五節 玄空八運二十四山各方位飛星列表

以下為玄空八運【民國93（2004）年~民國112（2023）年】各卦位列表：

八運 雙星到山　午山 子向

東南		南		西南
	43 七	88 三 座	61 五	
東	52 六	34 八	16 一	西
	97 二	79 四 向	25 九	
東北		北		西北

八運 雙星到山　酉山 卯向

東南		南		西南
	25 七	61 三	43 五	
東	34 六 向	16 八	88 一 座	西
	79 二	52 四	97 九	
東北		北		西北

八運 到山到向　巽山 乾向

東南		南		西南
	81 七 座	35 三	13 五	
東	92 六	79 八	57 一	西
	46 二	24 四	68 九 向	
東北		北		西北

八運 雙星到向　子山 午向

東南		南		西南
	34 七	88 三 向	16 五	
東	25 六	43 八	61 一	西
	79 二	97 四 座	52 九	
東北		北		西北

八運 雙星到向　卯山 酉向

東南		南		西南
	52 七	16 三	34 五	
東	43 六 座	61 八	88 一 向	西
	97 二	25 四	79 九	
東北		北		西北

八運 到山到向　乾山 巽向

東南		南		西南
	18 七 向	53 三	31 五	
東	29 六	97 八	75 一	西
	64 二	42 四	86 九 座	
東北		北		西北

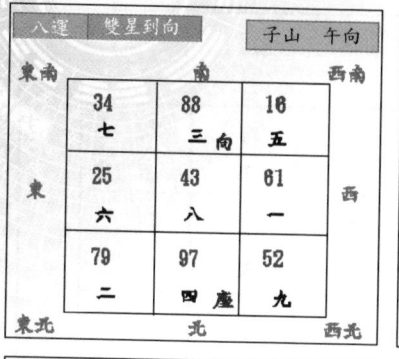

八運　上山下水　艮山　坤向

東南		南		西南
	14 七	69 三	82 五 向	
東	98 六	25 八	47 一	西
	58 二 座	71 四	36 九	
東北		北		西北

八運　上山下水　坤山　艮向

東南		南		西南
	41 七	96 三	28 五 座	
東	39 六	52 八	74 一	西
	85 二 向	17 四	63 九	
東北		北		西北

八運　上山下水　辰山　戌向

東南		南		西南
	68 七 座	24 三	46 五	
東	57 六	79 八	92 一	西
	13 二	35 四	81 九 向	
東北		北		西北

八運　上山下水　戌山　辰向

東南		南		西南
	86 七 向	42 三	64 五	
東	75 六	97 八	29 一	西
	31 二	53 四	18 九 座	
東北		北		西北

八運　到山到向　丑山　未向

東南		南		西南
	86 七	71 三	58 五 向	
東	47 六	25 八	93 一	西
	82 二 座	69 四	14 九	
東北		北		西北

八運　到山到向　未山　丑向

東南		南		西南
	63 七	17 三	85 五 座	
東	74 六	52 八	39 一	西
	28 二 向	96 四	41 九	
東北		北		西北

八運 雙星到山　甲山 庚向

東南		南		西南
	79 七	25 三	97 五	
東	88 六 座	61 八	43 一 向	西
	34 二	16 四	52 九	
東北		北		西北

八運 雙星到向　庚山 甲向

東南		南		西南
	97 七	52 三	79 五	
東	88 六 向	16 八	34 一 座	西
	43 二	61 四	25 九	
東北		北		西北

八運 雙星到山　壬山 丙向

東南		南		西南
	52 七	97 三 向	79 五	
東	61 六	43 八	25 一	西
	16 二	88 四 座	34 九	
東北		北		西北

八運 雙星到向　丙山 壬向

東南		南		西南
	25 七	79 三 座	97 五	
東	16 六	34 八	52 一	西
	61 二	88 四 向	43 九	
東北		北		西北

八運 雙星到向　乙山 辛向

東南		南		西南
	52 七	16 三	34 五	
東	43 六 座	61 八	88 一 向	西
	97 二	25 四	79 九	
東北		北		西北

八運 雙星到山　辛山 乙向

東南		南		西南
	25 七	61 三	43 五	
東	34 六 向	16 八	88 一 座	西
	79 二	52 四	97 九	
東北		北		西北

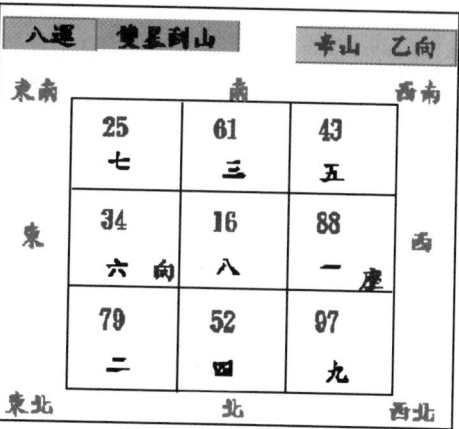

八運　雙星到山　丁山　癸向

	東南	南	西南	
	43 七	88 三 座	61 五	
東	52 六	34 八	16 一	西
	97 二	79 四 向	25 九	
	東北	北	西北	

八運　雙星到向　癸山　丁向

	東南	南	西南	
	34 七	88 三 向	16 五	
東	25 六	43 八	61 一	西
	79 二	97 四 座	52 九	
	東北	北	西北	

八運　上山下水　寅山　申向

	東南	南	西南	
	14 七	69 三	82 五 向	
東	93 六	25 八	47 一	西
	58 二 座	71 四	36 九	
	東北	北	西北	

八運　上山下水　申山　寅向

	東南	南	西南	
	41 七	96 三	28 五 座	
東	39 六	52 八	74 一	西
	85 二 向	17 四	63 九	
	東北	北	西北	

八運　到山到向　巳山　亥向

	東南	南	西南	
	81 七 座	35 三	13 五	
東	92 六	79 八	57 一	西
	46 二	24 四	68 九 向	
	東北	北	西北	

八運　到山到向　亥山　巳向

	東南	南	西南	
	18 七 向	53 三	31 五	
東	29 六	97 八	75 一	西
	64 二	42 四	86 九 座	
	東北	北	西北	

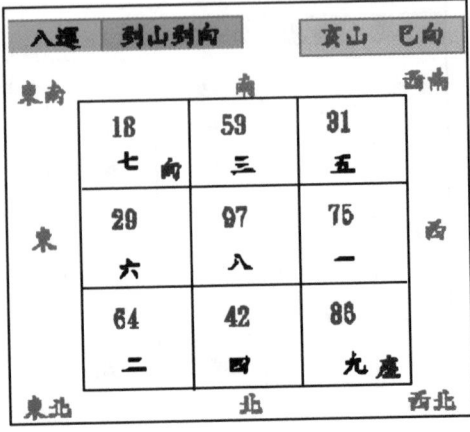

第六節 玄空格局之旺山旺向局

山盤為坐、向盤為向（表示坐與向為同一數字）。如丑山未向，坐為82（8即為坐），向為58（8即為向），故合此局。

此局為當運最吉運，而佈局方面必須是後面玄武有山，或是有高大建物，前面明堂朱雀方有水局流匯，或空曠明亮、低矮平坦，則財丁兩旺。最忌前面明堂朱雀方有山無水，而後面玄武有水無山，此為不合局之形勢。

例如：八運旺山旺向的所有格局

丑向

96 四 坎	28 二 艮	74 六 震
41 九 乾	52 八	63 七 巽
39 一 兌	85 五 坤	17 三 離

未山

未向

71 三 離	58 五 坤	93 一 兌
36 七 巽	25 八	14 九 乾
47 六 震	82 二 艮	69 四 坎

丑山

巽向、巳向

29 六 震	18 七 巽	53 三 離
64 二 艮	97 八	31 五 坤
42 四 坎	86 九 乾	75 一 兌

乾山、亥山

乾向、亥向

57 一 兌	68 九 乾	24 四 坎
13 五 坤	79 八	46 二 艮
35 三 離	81 七 巽	92 六 震

巽山、巳山

第七節 玄空格局之雙星會向局

山盤與向盤為向（表示向為同一數字）。如丙山壬向，向為88（左邊8即為山、右邊8即為向），故合此局。

此局為當運最次吉運，而佈局方面必須是前面明堂朱雀方有水局流匯，或空曠明亮、低矮平坦，又水外見高山或高大建物，後面玄武無山無水、空曠平坦，則當運進財。最忌前面明堂朱雀方有山無水或有水無山，此為不合局之形勢。

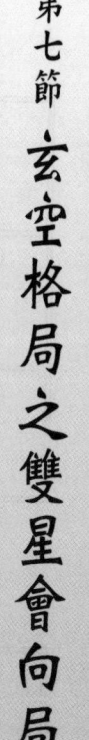

例如：八運雙星會向的所有格局

甲向

43 二 艮	88 六 震	97 七 巽
61 四 坎	16 八	52 三 離
25 九 乾	34 一 兌	79 五 坤

庚山

壬向

43 九 乾	88 四 坎	61 二 艮
52 一 兌	34 八	16 六 震
97 五 坤	79 三 離	25 七 巽

丙山

酉向、辛向

34 五 坤	88 一 兌	79 九 乾
16 三 離	61 八	25 四 坎
52 七 巽	43 六 震	97 二 艮

卯山、乙山

午向、丁向

34 七 巽	88 三 離	16 五 坤
25 六 震	43 八	61 一 兌
79 二 艮	97 四 坎	52 九 乾

子山、癸山

第八節　玄空格局之雙星會坐局

山盤與向盤為坐（表示坐為同一數字）。如壬山丙向，坐為88（左邊8即為山、右邊8即為向），故合此局。

此局力量又次於雙星會向局，而佈局方面必須是前面明堂朱雀方空曠明亮、低矮平坦，不宜有高山或高大建物；後面玄武要有水局流滙，水後又有山或高大建物，則財丁兩旺。最忌前面明堂朱雀方有水，而後面玄武有山，此為不合局之形勢。

例如：八運雙星會坐的所有格局

丙向

52 七 巽	97 三 離	79 五 坤
61 六 震	43 八	25 一 兌
16 二 艮	88 四 坎	34 九 乾

壬山

庚向

97 五 坤	43 一 兌	52 九 乾
25 三 離	61 八	16 四 坎
79 七 巽	88 六 震	34 二 艮

甲山

子向、癸向

25 九 乾	79 四 坎	97 二 艮
16 一 兌	34 八	52 六 震
61 五 坤	88 三 離	43 七 巽

午山、丁山

卯向、乙向

79 二 艮	34 六 震	25 七 巽
52 四 坎	16 八	61 三 離
97 九 乾	88 一 兌	43 五 坤

酉山、辛山

第九節　玄空格局之上山下水局

山盤為向、向盤為坐（表示向與坐為同一數字）。如辰山戌向，坐為68（8即為坐），向為81（8即為向），故合此局。

此局為無運之局，所以佈局方面前面明堂朱雀方要有高山或高大建物，後面玄武要有水局流匯，如此方能改變格局。最忌前面明堂朱雀方有水，而後面玄武有山，此為不合局之形勢。

例如：八運上山下水的所有格局

辰向

75 六 震	86 七 巽	42 三 離
31 二 艮	97 八	64 五 坤
53 四 坎	18 九 乾	29 一 兌

戌山

戌向

92 一 兌	81 九 乾	35 四 坎
46 五 坤	79 八	13 二 艮
24 三 離	68 七 巽	57 六 震

辰山

艮向、寅向

17 四 坎	85 二 艮	39 六 震
63 九 乾	52 八	41 七 巽
74 一 兌	28 五 坤	96 三 離

坤山、申山

坤向、申向

69 三 離	82 五 坤	47 一 兌
14 七 巽	25 八	36 九 乾
93 六 震	58 二 艮	71 四 坎

艮山、寅山

第十節 玄空格局伏吟、反吟介紹

依沈竹礽之說：凡山、向之飛星數與元旦盤洛數相同者，順飛則成「伏吟」；凡山、向之飛星數與元旦盤洛數相對合十者（如19、28、37、46）逆飛則成「反吟」。

例一：八運坤山艮向、申山寅向，即犯「伏吟」。

艮向、寅向

17 四 坎	85 二 艮	39 六 震
63 九 乾	52 八	41 七 巽
74 一 兌	28 五 坤	96 三 離

坤山、申山

例二：八運未山丑向，即犯「反吟」。

丑向

96 四 坎	28 二 艮	74 六 震
41 九 乾	52 八	63 七 巽
39 一 兌	85 五 坤	17 三 離

未山

楊公・都天寶照經云：「本山來龍立本向，反吟伏吟禍難當。自縂離鄉蛇虎害，作賊充軍上法場。明得三星五吉向，轉禍為祥大吉昌。」先賢又云：「反吟伏吟淚淋淋，不傷自己也傷親人。」故犯反吟或伏吟者，主應感情不和睦、損傷人口、疾病災厄、破財損耗，其禍害更甚於上山下水局，若又在失運時，更主絕嗣或死於非命。犯伏吟、反吟者，若在當旺局（旺山旺向局、雙星會向局），則影響不大，若在無運局（雙星會坐局、上山下水局），表示損丁傷財、家庭不和，可用三般卦、替卦、生旺方水流匯聚予以制化。

犯伏吟、反吟者共有十二山向：

1、順飛「伏吟」

一運、九運：壬山丙向、丙山壬向。

二運、八運：艮山坤向、寅山申向、坤山艮向、申山寅向。

三運、七運：甲山庚向、庚山甲向。

四運、六運：乾山巽向、亥山巳向、巽山乾向、巳山亥向。

2、逆飛「反吟」

一運：午山子向、丁山癸向。

二運：丑山未向。

三運：酉山卯向、辛山乙向。

四運：戌山辰向。

五運：艮山坤向、寅山申向、坤山艮向、申山寅向。

六運：辰山戌向。

七運：卯山酉向、乙山辛向。

八運：未山丑向。

九運：子山午向、癸山丁向。

第十一節 九運旺衰吉凶方位表

1、三元有九運，每運之九星各分為旺氣、生氣、衰氣、死氣、殺氣如圖所示：

旺氣：乃為當令之氣，山盤逢之，地位顯達，家庭安康；向盤逢之，家旺財旺，妻財子貴，事業發達、富貴平安。

生氣：乃為未來之氣，山盤逢之，人丁貴旺，身體健康；向盤逢之，家旺財旺，妻賢偏財得之。

衰氣：乃為已過之氣，山向盤逢之，表示家運漸漸沒落，故以守成為要。

死氣：乃為已過很久、消沉之氣，山盤逢之，表示家出蠢才，體弱多病；向盤逢之，生活勞苦，入不敷出，家運中落。

殺氣：乃為破壞凶惡之氣，山盤逢之，表示損人丁、招橫禍，

九運旺衰吉凶方位表

當運吉凶 / 元運	旺氣	生氣	衰氣(退氣)	死氣	殺氣
一運	一運	二、三運	九運	六、七運	五運
二運	二運	三、四運	一運	六、九運	五、七運
三運	三運	四、五運	二運	一、六運	七、九運
四運	四運	五、六運	三運	二、八運	七、九運
五運	五運	六、七運	四運	二、三運	二、九運
六運	六運	七、八運	五運	四、九運	二、三運
七運	七運	八、九運	六運	三、四、五運	二、三運
八運	八運	九、一運	七運	二、六運	三、四、五運
九運	九運	一、二運	八運	六、七運	三、四、五運

忽得急病重症而傷亡、殘廢等等不利家運之事發生；向盤逢之，傾家蕩產，生活無以為繼。山向盤皆逢之，則當會更加嚴重，宜慎之。

2、零神、正神、催財、催官

正神：乃為當旺之運神，如目前為八運【民國93（2004）年～民國112（2023）年】，則八艮（東北方）為正神。九運【民國113（2024）年～民國132（2043）年】，則九離（南方）為正神。正神方不宜見水，否則必損人丁。

零神：乃為失運衰氣之運神，如目前為八運【民國93（2004）年～民國112（2023）年】，則二坤（西南方）為零神。九運【民國113（2024）年～民國132（2043）年】，則一坎（北方）為零神。零神又名「正水」，水以衰為旺，故零神方最宜見水（又稱催財水），主大發。

催官：八運以三運為催官位。亦即三八為朋木、二七同道

各元運零神、正神、催財、催官方位一覽表

玄空水局		零神	正神	催官	催煞	照水	凶照
元運	一運	9離	1坎	6乾	4巽	7兌、8艮	2坤、3震
	二運	8艮	2坤	7兌	3震	6乾、9離	1坎、4巽
	三運	7兌	3震	8艮	2坤	6乾、9離	1坎、4巽
	四運	6乾	4巽	9離	1坎	7兌、8艮	2坤、3震
	五運	2坤	上十年				
		8艮	下十年				
	六運	4巽	6乾	1坎	9離	2坤、3震	7兌、8艮
	七運	3震	7兌	2坤	8艮	1坎、4巽	6乾、9離
	八運	2坤	8艮	3震	7兌	1坎、4巽	6乾、9離
	九運	1坎	9離	4巽	6乾	2坤、3震	7兌、8艮
吉凶		吉	凶	吉	凶	吉	凶

火、五十同途土、四九為友金、一六共宗水。以八運為例，八與三合為生成之數（三八為朋木），所以三震東方為催官位；九運與四合為生成之數（四九為友金），所以四巽東南方為催官位。

例如：

⑴、八運在坤方（西南方）見水，可佈置水池、水玲瓏，表示催財方見水，必定發富，但必須考慮流年五黃飛泊之方位。

⑵、八運在震方（東方）三八為朋木催官位，可佈置綠盆、駿馬圖（馬頭朝外）、馬上封侯的雕像、鯉躍龍門圖、鹿圖（祿）、馬的雕像等，必能官運亨通。

目前為八運【以八運：西元 2004～2023 年間】。

經診斷本宅之水路由【　】方來。

所得到的水為＿＿所以會有以下現象。

答：

無明顯之水來，以不吉不凶來論述。

零神方有水，主住在此屋會有旺財之機會。

正神方有水，主住在此屋會有損子的現象。

催官方有水，主住在此屋會有出貴之機會。

催煞方有水，主吉凶不一、宅中方位有不佳組合之數宜靜不宜動。

照吉方有水，主住在此屋會有利財之機會。

凶照方有水，主住在此屋會有破財的現象。

PS：如果您所居住的房宅外有零水、催水、照水那恭喜您！如果是正水、催煞、凶照水也不用緊張，您可在家中零水、催水、照水方製造或佈局成室內財水局，如掛一幅流水圖或擺水族箱或一盆清水或風水球，都可扭轉乾坤，便可以化解一切凶象OK！

1、父母三般卦

舉凡山、向、運盤所挨之飛星形成一四七、二五八、三六九之組合，表示通貫上元、中元、下元之格局，稱之為「父母三般卦」。凡得此局者，除了可化解凶煞及反吟伏吟之煞氣外，也主人和得貴，家旺財旺，但必須水纏玄武方能得局。

合乎「父母三般卦」並不多，目前只有四、六運的丑山未向、未山丑向；二、五、八運的艮山坤向、坤山艮向、寅山申向、申山寅向。

例如：八運艮山坤向

坤向

69 三 離	82 五 坤	47 一 兌
14 七 巽	25 八	36 九 乾
93 六 震	58 二 艮	71 四 坎

艮山

2、連珠三般卦

舉凡山、向、運盤所挨之飛星形成一二三、二三四、三四五、四五六、五六七、六七八、七八九、八九一、九一二等等之連貫組合，皆稱為「連珠三般卦」。

凡得此局者，除了可化解凶煞及反吟伏吟之煞氣外，如又逢當令山向合局者，則財旺家旺、官職顯貴，但必須向星之處有水方可用之。

合乎「連珠三般卦」也不多，目前只有二、八運的辰山戌向、戌山辰向；三、五、七運的巽山乾向、乾山巽向、亥山巳向、巳山亥向。

例如：八運辰山戌向

戌向

9 2 一 兌	8 1 九 乾	3 5 四 坎
4 6 五 坤	7 9 八	1 3 二 艮
2 4 三 離	6 8 七 巽	5 7 六 震

辰山

第十三節 玄空格局合十歸中局

舉凡山星與運星或向星與運星飛入中宮，得滿盤相加為十者，表示事事順利、很得人緣、貴人多助、財源廣進。但若是雙星會坐局或上山下水局，而玄武處無水纏繞者，則用之效果並不明顯。

例一：八運丑山未向

未向

71 三 離	58 五 坤	93 一 兌
36 七 巽	25 八	14 九 乾
47 六 震	82 二 艮	69 四 坎

丑山

八運丑山未向，中宮山星「２」與八運星合為十，其餘滿盤山星皆與運星合為十，亦即所謂的「合十歸中局」。

例二：八運未山丑向

丑向

96 四 坎	28 二 艮	74 六 震
41 九 乾	52 八	63 七 巽
39 一 兌	85 五 坤	17 三 離

未山

八運未山丑向，中宮向星「２」與八運星合為十，其餘滿盤向星皆與運星合為十，亦即所謂的「合十歸中局」。

天玉經云：「識得父母三般卦，便是真神路，北斗七星去打劫，離宮要相合。」所謂「七星打劫」是指以現在的元運去劫未來的氣，藉此增強宅地的旺氣，亦即上元可劫中元、中元可劫下元、下元可劫上元之謂，也表示目前八運可劫九運之氣、九運可劫一運之氣，以此類推。

七星並非七顆星，乃是由現在之數逆推到第七位之意。

七星打劫星曜列表

元運星	七星
一白	四綠
二黑	五黃
三碧	六白
四綠	七赤
五黃	八白
六白	九紫
七赤	一白
八白	二黑
九紫	三碧

例如：

1、一運逆數七位為四綠，四綠逆數七位為七赤，一運可劫中元的四綠、下元的七赤，形成「一四七」如圖所示。

	六	四
	一	八
七	五	九

	九	七
	四	二
一	八	三

2、六運逆數七位為九紫，九紫逆數七位為三碧，六運可劫下元的九紫、上元的三碧，形成「三六九」如圖所示。

	二	九
	六	四
三	一	五

	五	三
	九	七
六	四	八

3、八運逆數七位為二黑，二黑逆數七位為五黃，八運可劫上元的二黑、中元的五黃，形成「二五八」如圖所示。

	四	二
	八	六
五	三	七

	七	五
	二	九
八	六	一

是故「七星打劫」乃劫三元之旺氣而非運。一運為上元之旺氣，可劫中元四綠、下元的七赤，形成「一四七」；六運為中元之旺氣，可劫下元九紫、上元的三碧，形成「三六九」；八運為下元之旺氣，可劫上元二黑、中元的五黃，形成「二五八」，此為「七星打劫」。

七星打劫的合乎要訣：

1、必須是雙星會向局，始能劫未來元運之旺氣。

2、要一四七、二五八、三六九等星，在【離、震、乾】三宮分佈，或是在【坎、巽、兌】三宮分佈。因為離宮順數隔二位為乾宮；乾宮順數隔二位為震宮。同理而論，坎宮順數隔二位為巽宮；巽宮順數隔二位為兌宮。（古人以逆屬七位，謂之「七星」，建議不是很熟練的讀者，還是以順數為用）

3、「七星打劫」只有在宅向【離、震、乾、坎、巽、兌】才有，而宅向【艮、坤】是永遠不可能遇到七星打劫。

例一：八運子山午向

1、雙星會向局。

2、【離、震、乾】三宮分佈，山與向星皆為二、五、八，是為離宮打劫。

3、「七星打劫」的三宮分佈，最適宜互相通氣，可做為門路、主臥室、安灶之用。

午向

34 七 巽	**88** 三 離	16 五 坤
25 六 震	43 八	61 一 兌
79 二 艮	97 四 坎	**52** 九 乾

子山

例二：八運丙山壬向

1、雙星會向局。

2、【坎、巽、兌】三宮分佈，山與向星皆為二、五、八，是為坎宮打劫。

3、「七星打劫」的三宮分佈，最適宜互相通氣，可做為門路、主臥室、安灶之用。

壬向

43 九 乾	**88** 四 坎	61 二 艮
52 一 兌	34 八	16 六 震
97 五 坤	79 三 離	**25** 七 巽

丙山

例三：九運壬山丙向

1、雙星會向局。

2、【離、震、乾】三宮分佈，山與向星皆為三、六、九，是為離宮打劫。

3、但是「七星打劫」遇上中宮伏吟，則不可用之。

丙向

45 八 巽	**99** 四 離	27 六 坤
36 七 震	54 九	72 二 兌
81 三 艮	18 五 坎	**63** 一 乾

壬山

第十五節 玄空格局城門訣

所謂「城門」，就是對外通道、出入的氣口，向首的兩旁卦位為城門。大至城市府城之出入口，小至一般陰陽宅之門，更至如來水、去水、洄瀾水、交匯水、環抱水、湖潭水、門路、小門、側門、偏門等稱之。

如：坎山離向－以向首巽卦為城門，四、九為友金（巽四、離九）。

艮山坤向－以向首兌卦為城門，二、七同道火（坤二、兌七）。

巽山乾向－以向首坎卦為城門，一、六共宗水（坎一、乾六）。

兌山震向－以向首艮卦為城門，三、八為朋木（震三、艮八）。

表示向首兩旁的宮位，與向星合生成之數，稱之為「正城門」。但是「城門」與「城門訣」並不相同，「城門訣」乃是將城門方位上之運盤，載入中宮飛泊，若飛到該宮位正合天心正運（當令元運），則為城門訣。陽宅失運可改門路，陰宅失運可改墓埕水，符合「城門訣」就能改運。

例一：八運壬山丙向

丙向

52 七 巽	97 三 離	79 五 坤
61 六 震	43 八	25 一 兌
16 二 艮	88 四 坎	34 九 乾

壬山

1、巽宮與坤宮為城門。

2、將巽宮城門的運盤「七」代入中宮飛泊，丙向為地元龍，對照兌宮之地元龍為庚，庚屬陽，故順排飛星。飛泊到巽宮為「六」，不合天心八運，此即非「城門訣」。

六 巽	二 離	四 坤
五 震	七	九 兌
一 艮	三 坎	八 乾

3、將坤宮城門的運盤「五」代入中宮飛泊，丙向為地元龍，對照坤宮之地元龍為未，未屬陰，故逆排飛星。飛泊到坤宮為「八」，符合天心八運，此即「城門訣」。

六巽	一離	八坤
七震	五	三兌
二艮	九坎	四乾

例二：八運巽山乾向

乾向

57 一 兌	68 九 乾	24 四 坎
13 五 坤	79 八	46 二 艮
35 三 離	81 七 巽	92 六 震

巽山

1、坎宮與兌宮為城門。

2、將坎宮城門的運盤「四」代入中宮飛泊，乾向為天元龍，對照巽宮之天元龍為巽，巽屬陽，故順排飛星。飛泊到坎宮為「九」，不合天心八運，此即非「城門訣」。

三 巽	八 離	一 坤
二 震	四	六 兌
七 艮	九 坎	五 乾

3、將兌宮城門的運盤「一」代入中宮飛泊，乾向為天元龍，對照坎宮之天元龍為子，子屬陰，故逆排飛星。飛泊到兌宮為「八」，符合天心八運，此即「城門訣」。

二巽	六離	四坤
三震	一	八兌
七艮	五坎	九乾

例三：八運酉山卯向

卯向

79 二 艮	34 六 震	25 七 巽
52 四 坎	16 八	61 三 離
97 九 乾	88 一 兌	43 五 坤

酉山

1、艮宮與巽宮為城門。

2、將艮宮城門的運盤「二」代入中宮飛泊，卯向為天元龍，對照坤宮之天元龍為坤，坤屬陽，故順排飛星。飛泊到艮宮為「五」，不合天心八運，此即非「城門訣」。

一 巽	六 離	八 坤
九 震	二	四 兌
五 艮	七 坎	三 乾

3、將巽宮城門的運盤「七」代入中宮飛泊，卯向為天元龍，對照兌宮之天元龍為酉，酉屬陰，故逆排飛星。飛泊到巽宮為「八」，符合天心八運，此即「城門訣」。

八巽	三離	一坤
九震	七	五兌
四艮	二坎	六乾

PS：城門與否，據此得知，凡是「城門」處飛星「順飛」者，即非「城門訣」，切不可用。若飛星為「逆飛」者，必定是令星到城門，符合天心當運，此即「城門訣」。

令星為當令當旺之星，入囚乃是入中宮被囚禁之意。「令星入囚」顧名思義就是當令之星入中宮。但若是對於三元玄空此派學術稍有研究之人，一聽便知道根本不合常理，因為當旺之星入中宮飛泊，其他八個宮位，根本不可能出現與中宮相同之飛星。故各位讀者要知道「令星入囚」之說，所指的是「替卦局」才會出現的狀況。

所謂：「山管人丁水管財」，若逢元運入囚者為敗局，最不利於財丁。補救之法，在山星入囚損丁之際，後玄武方要有水局；在向星入囚耗財之時，則前方要有水局，如此便能化解令星入囚之凶象。替卦局之排法，請參閱本章第四節，排起星替卦圖。

例一：七運宅【巽山乾向兼（辰戌）替卦盤】。

7赤向星入中宮，與七運星相同而稱之。名曰：「向星入囚」，最不利財運。

下卦圖：

乾向

81 九 兌	79 八 乾	24 三 坎
35 四 坤	68 七	92 一 艮
13 二 離	57 六 巽	46 五 震

巽山

替卦圖：

乾向

89 九 兌	78 八 乾	23 三 坎
34 四 坤	67 七	91 一 艮
12 二 離	56 六 巽	45 五 震

巽山

1、山盤巽山為天元龍，對照元旦盤「六」為乾卦，天元龍為乾山，乾山之起星訣為武曲「六白」，以6代入中宮飛泊，乾為陽，則飛星順飛。

歌訣：乾亥辰巽巳，連戌武曲名【亦即武曲以（六白）代入中宮】。

2、向盤乾向為天元龍，對照元旦盤「八」為艮卦，天元龍為艮山，艮山之起星訣為破軍「七赤」，以7代入中宮飛泊，艮為陽，則飛星順飛。

歌訣：酉辛丑艮丙，天星說破軍【亦即破軍以（七赤）代入中宮】。

例二：九運宅【巳山亥向兼（丙壬）替卦圖】

9紫山星入中宮，與九運星相同而稱之。名曰：「山星入囚」，最不利人丁，主應絕嗣損丁。但全盤格局均為「合十歸中局」，故大利財運。

下卦圖：

亥向

18 二 兌	99 一 乾	45 五 坎
54 六 坤	81 九	27 三 艮
36 四 離	72 八 巽	63 七 震

巳山

替卦圖：

亥向

28 二 兌	19 一 乾	55 五 坎
64 六 坤	91 九	37 三 艮
46 四 離	82 八 巽	73 七 震

巳山

1、山盤巳山為人元龍，對照元旦盤「八」為艮卦，人元龍為寅山，寅山之起星訣為右弼「九紫」，以9代入中宮飛泊，寅為陽，則飛星順飛。

歌訣：寅午庚丁上，右弼四星臨【亦即右弼以（九紫）代入中宮】。

2、向盤亥向為人元龍，對照元旦盤「一」為坎卦，人元龍為癸山，癸山之起星訣為貪狼「一白」，以1代入中宮飛泊，癸為陰，則飛星逆飛。

歌訣：子癸並甲申，貪狼一路行【亦即貪狼以（一白）代入中宮】。

第十七節 玄空格局收山出煞

在說明何謂「收山出煞」之前，首先要了解三元九運的旺衰吉凶，請參閱本章第十一節。「收山」乃是將飛臨山星的生氣星與旺氣星置於高處，而將飛臨向星的生氣星與旺氣星置於有水之處或是低處；「出煞」乃是將飛臨山星的衰氣星與死氣星置於有水之處或是低處，而將飛臨向星的衰氣星與死氣星置於高處，不宜見水，則煞氣反而可解矣！

八運旺衰吉凶方位表

元運	旺氣	生氣	衰氣（退氣）	死氣	殺氣
八運	8	9、1	7	2、6	3、4、5

例一：八運丑山未向

未向

71 三 離	58 五 坤	93 一 兌
36 七 巽	25 八	14 九 乾
47 六 震	82 二 艮	69 四 坎

丑山

1、山星：8為當運的旺氣方，飛臨坐山艮宮；9為當運未來的生氣方，飛臨至兌宮。因此坐山東北方與西方適合高，山管人丁水管財，主旺人丁。

7為當運的衰氣方，飛臨離宮；2、6為當運的死氣方，各自飛臨於中宮與坎宮。因此南方與北方適合見水，不宜高。

2、向星：8為當運的旺氣方，飛臨向首坤宮；9為當運未來的生氣方，飛臨到坎宮。因此西南方與北方適合見水，山管人丁水管財，主旺財利。

7為當運的衰氣方，飛臨震宮；2、6為當運的死氣方，各自飛臨於艮宮與巽宮。因此東方、東北方、東南方適合高，不宜見水，則煞氣方可解矣！

例二：八運巽山乾向

乾向

57 一 兌	68 九 乾	24 四 坎
13 五 坤	79 八	46 二 艮
35 三 離	81 七 巽	92 六 震

巽山

1、山星：8為當運的旺氣方，飛臨坐山巽宮；9為當運未來的生氣方，飛臨至震宮。因此坐山東南方與東方適合高，山管人丁水管財，主旺人丁。

7為當運的衰氣方，飛臨中宮；2、6為當運的死氣方，各自飛臨於坎宮與乾宮。因此北方與西北方適合見水，不宜高。

2、向星：8為當運的旺氣方，飛臨向首乾宮；9為當運未來的生氣方，飛臨到中宮。因此西北方適合見水，山管人丁水管財，主旺財利。

7為當運的衰氣方，飛臨兌宮；2、6為當運的死氣方，各自飛臨於震宮與艮宮。因此西方、東方、東北方適合高，不宜見水，則煞氣方可解矣！

第十八節 如何改換宅運

陽宅堪輿最注重的就是「地運」。亦即於「八運」之時建造，則以「八」入中宮立極。全盤之飛星以中宮飛入而產生變化，若中宮元運變換，則全盤皆改觀，此為「地運」之重要。

假若一間陽宅興建於「七運」民國75年（西元1986），一直住到「八運」民國97年（西元2008），居住期間只有簡單的粉刷修飾，此陽宅仍作「七運」為論，雖然地運已經轉到「八運」，但是卻與本宅無關。據此而知，於「七運」當旺之時的住宅，到了「八運」便漸漸成為衰氣、退氣，此時若不搬遷，則必須要進行改換「宅運」。

從前陽宅改運非常容易，只需要在住宅的中宮，揭下屋瓦重新舖蓋，並且於宅內進行粉刷裝飾，改換「宅運」便以臻完成。也就是當七運屋宅，於八運的當下進行改運，則便可成為「八運屋」。只是現今的住宅，高樓大廈到處林立，哪來的屋瓦可摘除，因此改運的方法便有所改變，「改運」方法列述於後。

1、宅內之人要先行搬出，接著要拆掉大門，若宅內有天花板輕鋼架，就要拆除「中宮」的部分天花板。拆除之後，擇吉日安裝，重新粉飾，再搬回居住，便能完成「改運」的目的。

2、比較大費周章的做法，就是重新整建、佈局規劃。

3、將外牆磁磚，內部天花板、地磚、壁紙等，重新舖過與重新粉刷。

第十九節 玄空法中，如何運用開運風水物品來改變格局

「玄空」首論星曜，最忌二黑巨門病符星、三碧祿存蚩尤星、五黃廉貞正關煞、七赤破軍星。任何方位逢彼等星曜用事，如大門、床位、灶位、辦公室等，就容易招凶。

「玄空」之法的化解之道，首先要了解哪些星曜會發凶，或是哪些吉星受到剋制，才能找對方法去化解。如「九星」之中，以「一白、六白、八白」為吉，但若是吉星受到剋制，就會由吉轉凶，此時就必須要尋求化解之法，而化解的法門，不外乎以下四種。

1、可利用本章第十二節，玄空格局三般卦所介紹，透過「一四七」、「二五八」、「三六九」三星曜連動效應，反能由凶轉吉。如八運寅山申向、艮山坤向。每個宮位之飛星均形成「一四七」、「二五八」、「三六九」之組合，雖然是犯了「上山下水」之局，但只要佈局為「坐空朝滿」，則在二、五、八運亦以吉利論，尤其八運更佳。

坤向、申向

69 三 離	82 五 坤	47 一 兌
14 七 巽	25 八	36 九 乾
93 六 震	58 二 艮	71 四 坎

艮山、寅山

2、以「合五」為用，就是以先天數相減合五為原則，而非「二三」合五也！如「一六」、「二七」、「三八」、「四九」、「五十」。亦即三碧祿存蚩尤星，喜遇八白左輔財帛星；二黑巨門病符星，喜遇七赤破軍星。

3、佐以「陰陽相配」來調合：

乾為老父、坤為老母：六白乾金配二黑坤土，為「天地定位」陰土生陽金。

震為長男、巽為長女：三碧震木配四綠巽木，為「雷風相薄」陽木與陰木比和。

坎為中男、離為中女：一白坎水配九紫離火，為「水火不相射」雖然是水火相剋，但因為坎離是先天乾坤的方位，運用得宜，乃是水火既濟的好局勢。

艮為少男、兌為少女：八白艮土配七赤兌金，為「山澤通氣」陽土生陰金。是故「二六」、「三四」、「一九」、「七八」之局，皆能互相援助。

4、以「合十」為用，如「一九」、「二八」、「三七」、「四六」。

「一九」：一白坎水中男配九紫離火中女，「合十」的陰陽相配。

「二八」：二黑坤土老母配八白艮土少男，「合十」的陰陽老少配，可化解其凶象，唯宅母掌權當道。

「三七」：三碧震木長男配七赤兌金少女，「合十」的陰陽相配，唯要慎防桃花事件。

「四六」：四綠巽木長女配六白乾金老父，「合十」的陰陽相配，唯金木相剋，要慎防宅中長者納妾或是外遇頻仍。

將坐向定位之後，九宮盤直接會排出，每個方位的數字組合會有什麼現象，請對照以下解釋說明。

一二同宮：

【開運及化解方法】六個銅錢或安置小羅盤來鎮宅制煞。

用金洩土氣，又能使土生金、金生水之意。

銅錢屬金性，六個銅錢是六乾金符合卦象。

請在碰到一二的方位上貼一個【六乾、後天轉運金牌】（因一、六共宗水，二為坤，所以用六乾使其雌雄匹配）達到改善效果。

一五同宮：

【開運及化解方法】四支毛筆（或四支觀音竹）與銅葫蘆。

用四綠巽木，來洩一坎水之氣。

用銅葫蘆或銅鈴（屬金性），來洩五黃土災病之氣。

請在碰到一五的方位上貼一個【八艮、後天轉運金牌】（因五黃中有三分之一的戊土，所以用八艮中的己土洩其火氣，五黃為廉貞火，應以八艮土洩之）達到改善效果。

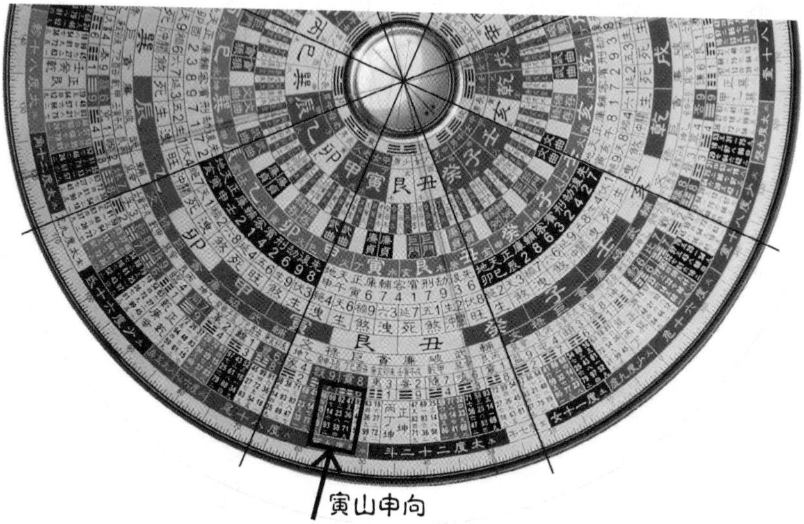

二三同宮

【開運及化解方法】掛銅鈴置紅色飾品或安置小羅盤來鎮宅制煞。用銅葫蘆或銅鈴（屬金性），為洩二黑土病符星（為土生金），紅色飾物係火洩木氣（為木生火之象）。

請在碰到二的方位上貼一個【六乾、後天轉運金牌】（因二為坤，所以用六乾使其雌雄匹配）達到改善效果。

請在碰到三的方位上貼一個【四巽、後天轉運金牌】（因三震長男，所以用四巽長女使其雌雄匹配）達到改善效果。

二五同宮

【開運及化解方法】銅鈴或銅葫蘆、銅象或安置小羅盤來鎮宅制煞。銅葫蘆為金性，以金屬洩土氣（為土生金之象），象為重型哺乳動物，象徵著重型金屬飾品來洩重土。

請在碰到二的方位上貼一個【六乾、後天轉運金牌】（因二為坤，所以用六乾使其雌雄匹配）達到改善效果。

請在碰到五的方位上貼一個【八艮、後天轉運金牌】（因五黃中有三分之一的戊土，所以用八艮中的己土洩其火氣，五黃為廉貞火，應以八艮土洩之）達到改善效果。同時「二五交加」，主應疾病與死亡，若能善用「八白艮土」，則可以趨吉避凶，喜事相迎。

二七同宮

【開運及化解方法】盡量不要擺尖銳物品或紅色物品。

因為尖銳物品屬火，紅色物品也屬火，見到此物更容易引發火災，因為「二七」同宮，只利於火宅或土宅，並不利於金宅、水宅、木宅。

請在碰到二的方位上貼一個【六乾、後天轉運金牌】（因二為坤，所以用六乾使其雌雄匹配）達到改善效果。

請在碰到七的方位上貼一個【八艮、後天轉運金牌】（因七兌少女，所以用八艮少男使其陰陽相配，陽土生陰金）達到改善效果。

三六同宮

【開運及化解方法】黑色或藍色飾品（如地毯）。

黑色、藍色屬水性，以水來洩金氣（為金生水之象），使其不再剋木。

請在碰到三的方位上貼一個【四巽、後天轉運金牌】（因三震長男，所以用四巽長女使其雌雄匹配）達到改善效果。

請在碰到六的方位上貼一個【一坎、後天轉運金牌】（因一六共宗水，藉以金生水、水生木）達到改善效果。

三七同宮

【開運及化解方法】黑色或藍色飾品（如地毯）。

黑色、藍色屬水性，以水來洩金氣（為金生水之象），使其不再剋木。

請在碰到三的方位上貼一個【四巽、後天轉運金牌】（因三震長男，所以用四巽長女使其雌雄匹配）達到改善效果。

請在碰到七的方位上貼一個【八艮、後天轉運金牌】（因七兌少女，所以用八艮少男使其陰陽相配，陽土生陰金）達到改善效果。

四五同宮

【開運及化解方法】銅鈴或銅葫蘆、銅象或安置小羅盤來鎮宅制煞。

銅葫蘆或銅鈴均屬金性，以金洩五黃土之氣（為土生金之意）。

請在碰到五的方位上貼一個【八艮、後天轉運金牌】（因五黃中有三分之一的戊土，所以用八艮中的己土洩其火氣，五黃為廉貞火，應以八艮土洩之）達到改善效果。

四七同宮

【開運及化解方法】黑色或藍色飾品（如地毯）。

黑色、藍色屬水性，以水來洩金氣（為金生水之象），使其不再剋木。

請在碰到七的方位上貼一個【八艮、後天轉運金牌】（因七兌少女，所以用八艮少男使其陰陽相配，陽土生陰金）達到改善效果。

五五同宮

【開運及化解方法】銅鈴或銅葫蘆、銅象或安置小羅盤來鎮宅制煞。

銅葫蘆或銅鈴均屬金性，以金洩五黃土之氣（為土生金之意）。

請在碰到五的方位上貼一個【八艮、後天轉運金牌】（因五黃中有三分之一的戊土，所以用八艮中的己土洩其火氣，五黃為廉貞火，應以八艮土洩之）達到改善效果。

六七同宮

【開運及化解方法】置黑醋或肥皂水。

金屬物質本性易溶於酸鹼溶液中，將黑醋（酸性）或肥皂水（鹼性），置入瓶中以化解過於剛強的金性。

請在碰到七的方位上貼一個【八艮、後天轉運金牌】（因七屬兌少女，所以用八艮少男使其陰陽相配，陽土生陰金）達到改善效果。

七九同宮

【開運及化解方法】方形瓷器土多之盆景或黃色之物品。

以土洩火氣（為火生土之意）。

請在碰到七的方位上貼一個【八艮、後天轉運金牌】（因七屬兌少女，所以用八艮少男使其陰陽相配，陽土生陰金）達到改善效果。

九五同宮

【開運及化解方法】銅鈴或銅葫蘆、銅象或安置小羅盤來鎮宅制煞。

以金洩土氣（為土生金之意）。

請在碰到五的方位上貼一個【八艮、後天轉運金牌】（因五黃中有三分之一的戊土，所以用八艮中的己土洩其火氣，五黃為廉貞火，應以八艮土洩之）達到改善效果。

PS：所謂風水磁場的改造，其實道理非常簡單，只要運用後天八卦轉運金牌，便能根據飛星的吉凶，以及五行的生剋制化，以「合五」、「合十」、「陰陽調合」、「陰陽相生」的原理，予以加強或減弱，來達到趨吉避凶的功效。

【後天八卦轉運金牌】

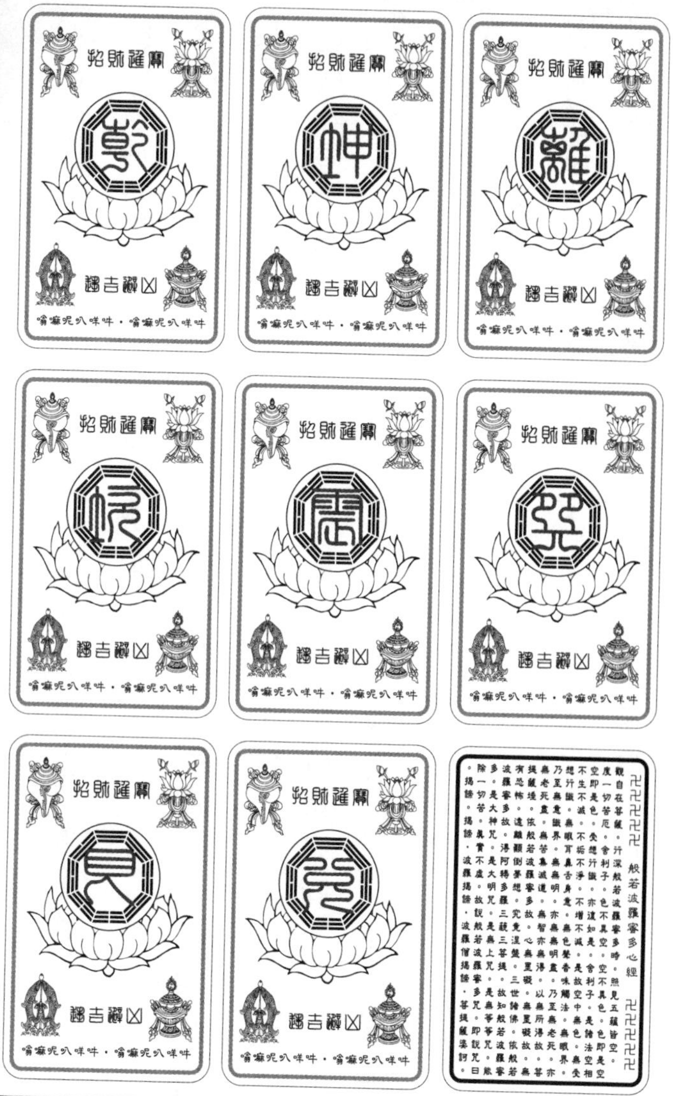

專門解決人命配卦及宅向不搭之吉祥物

第二十節 雙星交會論斷法

兩星交會必定會加重星曜組合的吉凶，其星曜組合的基本原則與兩星相遇的生、旺、退、殺、死五種現象，讀者必須多加了解、謹記，方能在勘宅之時運用自如。

一、一白水為坎卦中男，剋應以中男應事為主為重為速。水主文書，生旺必主年少得科甲，男子聰明有智慧。剋煞則主飄泊無依，刑妻、乏智、少年夭亡。

二、二黑土為坤卦老母，剋應以老母應事為主為重為速。土主財富，生旺主財丁兩旺，為武富而非文秀，女人當家作主奪夫權。剋煞則主產厄，胃脾不適，損耗刑傷，代代出寡婦。

三、三碧木為震卦長男，剋應以長男應事為主為重為速。生旺主財祿豐盈，但屬於白手起家。剋煞則主官非訴訟，神經疾病，有哮喘之應，長房易有殘疾。

四、四綠木為巽卦長女，剋應以長女應事為主為重為速。生旺主文昌科甲，有容貌端秀之美女，易入豪門。剋煞則主婦女淫蕩，男子為酒色之徒，易心生懸念，而有輕生之憾。

五、五黃土為戊己大煞，不論生剋皆會發凶，動則弊，主損人丁、災難、病耗、幼兒智弱、長房淫亂，宜靜不宜動。

六、六白金為乾卦老父，剋應以老父應事為主為重為速。生旺主有權威武貴，旺丁旺財。剋煞則主刑妻，寡婦當家。

七、七赤金為兌卦少女，剋應以少女應事為主為重為速。生旺主財丁兩旺，權威武貴，小房發。剋煞則主盜賊、意外、災獄、損丁、火災。

八、八白土為艮卦少男，剋應以少男應事為主為重為速。生旺主出忠臣孝子，富貴綿長，小房發。剋煞則主損小口、瘟疫瘧疾。

九、九紫火為離卦中女，剋應以中女應事為主為重為速。生旺主發文章科甲，速貴驟發，但來得快去得也快。剋煞則主官非、火災、眼疾、癆血。

十、九星的排列，以山與向星之組合最為重要，山星與運星或向星與運星之組合次之。

十一、九星雖然有各自所屬的名稱，但這些名稱都只是符號而已，其吉凶的剋應還是要依照卦氣。如一白為坎為中男，便是剋應宅中之男子。

十二、九星分陰陽，陽星與陰星太集中都不佳，1、3、6、8為陽性之星，2、4、7、9屬陰性之星。

十三、凡山星皆主人丁，向星皆主財源。如一白在山，主中男本人之健康，若一白在向，則主次房之財帛，有謂「山管人丁，水管財」，就是這個道理。

十四、星曜原則上以生旺為吉，但是卻不宜受到剋制。如八運以八白為旺，但若是「三八」同宮為木局，因為木剋土，使得八白星受剋制，此為當旺而不旺。又如「四八」同宮為木剋土，「六八」同宮為土洩於金，則八白之旺氣就會受到損傷。

十五、兩星同宮，產生的情況可以分為生、旺、退、殺、死。生旺為吉，退殺為凶，死為吉凶參半。如九紫火與八白土同宮，火能生土，對於八白而言就是生氣；若八白與二黑同宮，土氣增強是為旺氣；八白與六白同宮，土會生金，土星受洩，是為退氣；八白與三碧同宮，木會剋土，便是殺氣；八白與一白同宮，則八白土會剋水，是為死氣，但是指的是被剋的一白，所謂「我剋為財」，故雖有爭奪之象，卻主有發財之應。

十六、山星與向星皆不喜2、4、7、9陰性受剋。如二黑受剋，易出寡婦；四綠受剋，長女受難；七赤受剋，桃花劫難；九紫受剋，不利中女。若二七、四七同宮，則宅主淫亂。

十七、星曜為陰剋陽，山星主病，向星主破財。如八白為山星與四綠同宮而受剋，八白為殺氣，主少男多病，八白若生旺，主有特別的癖好，致使意志消沉。

十八、一四、一六同宮均主發文章科名。生旺必發文秀，退洩則只是讀書人，窮秀才之輩。

十九、二五交逢，必主疾病死亡，若在二運尚可為用，其他大運均屬不利。

二十、二五生旺，大利醫業、藥房、葬儀等。

廿一、有剋而不以剋論者，如生旺六白金遇九紫火，反主宅主功名利祿，富貴長壽。

廿二、有生而不以生論者，如二黑失運遇九紫，主出尼姑；八白失元，主出僧侶。

廿三、逢比為旺，如三碧四綠同宮，若在三運與四運，均主財丁兩旺，若在七運、八運，則主樹大枯枝，易出敗家之子。

廿四、二六或八六同宮為土金相生。生旺必主財帛豐盈，田產甚多，就算在退洩之運，雖稍有遜色，也不失其富。

廿五、二黑三碧鬥牛煞，主官非訴訟。

廿六、三碧逢七赤剋，主退財或遇盜賊；四綠逢七赤剋，主出慧黠子女。

廿七、星曜有分佈的吉凶，如一六、二七、三八、四九為連珠格，此為大吉之徵。若是一二、三四、四五為連茹格，此為大凶之兆。

廿八、相生亦不宜氣雜，如三九同宮，主有聰明之子，若又見七赤，則木火金交剋，反主有跛扈刻薄之兒。

廿九、相剋卻可能逢凶化吉，如九紫剋六白，主破財、父運不揚。但若見八白，則火土金相生，反主聲名、榮富。

三十、五行木火、水木相生，皆主發科名；火土、土金、金水相生，皆主發財致富。

三十一、七赤逢五黃，雖主災病、中毒，但在七運當旺，卻可發財。

三十二、星曜生剋，變化多端。如一白九紫同宮為水剋火，若在九運，則九紫生旺而一白衰囚，主因財惹禍。若在一運，則一白生旺，反主暴發驟富。

三十三、一二、三二、八二若同宮，均主旺人丁，故適合從事買賣、商店、酒店、特殊行業為用。

三十四、二九同宮主發財，九二同宮主旺丁。

三十五、六七同宮大權在握，故適宜從事能獨當一面之行業，如代理商、命理館等。

三十六、八四同宮主長壽，九四同宮利文書，三四、四六、六四同宮皆主旺丁。

紫白訣、玄空訣

雙星交會	應驗疾病論斷
11	文貴、桃花、旅遊、經商大進財喜。
22	病符星、胃腸病、內臟疾病、孕婦病、易興訟。
33	好勇鬥狠、是非官訟，疾病方面則防膿血疾狀。
44	文貴、桃花、肝膽病、下肢抽筋不適等疾。
55	重病、損人口、孕婦受災、家運衰退、敗財損丁。
66	金曜連珠、乾峰出狀元、吉利財厚。
77	金曜連珠，當令大吉旺財。凶象則主口舌或傷女口。

88	土曜連珠、富貴大吉、成名得利之事。
99	桃色糾紛，疾病方面要防心血管疾患、眼病、高血壓。
12、21	為土水相剋，胃腸病、婦科病、腎病、耳病。
13、31	主添丁、進人口、是非、官訟、竊盜、破財。
14、41	準發科名、讀書考試、升職加薪，失運時主桃花。
16、61	主財貴、喜慶、成名得利之事，官職亨通。
17、71	桃花、貪花戀酒、顯發官運，失運時流離破敗。
18、81	八白為財星，主喜慶得利之事，膀胱、耳疾。
19、91	水剋火，主水火不容、小產、眼疾、皮膚病、性病。
23、32	鬥牛煞、官訟是非、破財、腹疾。
24、42	傷脾、腸胃、精神之疾、不正常桃花、婆媳不和。
25、52	損主、重病、肢體受傷，主宅母多病、孤寡。
27、72	桃花劫、破財、防刀傷、官刑，或因迷信而破財之事。
28、82	出僧尼、擁有不動產，得令主貴、旺財旺丁。
29、92	婦女病、桃花重，防消化系統疾、血症、眼病。
37、73	劫盜、官災、生訟、破財、口角、夫妻不和。
38、83、48、84	損人口、破財、小產、胃腸病、不利婚姻。
39、93	聰明、吝嗇、官訟、旺財丁、得貴秀。
47、74	刀傷、不和、肺疾、文貴不顯、官非、婚訟。
58、85	筋傷骨折，易有災厄，為吉凶不定之象，須謹慎行事。

59、95	火災、神智不清、心臟、血壓、難產。
67、76	交劍煞、多劫掠、官非、訴訟、肢體受傷。
68、86	置不動產、吉利旺財、富貴吉慶、升遷。
69、96	為吉凶不定之象，出逆子、官非、頭疾、肺疾。
78、87	桃花多，主財多而富、性反覆、名利雙收。
79、97	回祿之災、眼疾、心臟病、貪花戀酒、交際多。

第二章

三元玄空陽宅診斷及佈局

「三元玄空」陽宅診斷與佈局，表示內六事需迎吉星加臨之宮位，乃為吉星得用，若逢凶星臨宮，則最好做為廁所、儲藏室、客房之用。

一般大門、客廳、廚廁、臥室、神位、樓梯、辦公桌、光線、動線等，稱為「內六事」。而「玄空」學以山盤挨星論臥房、床位、灶位、櫥櫃、神位、桌椅、凸起之物、山峰等；以向盤挨星論大門、客廳、窗戶、樓梯、通道、水路、凹缺之處、廁所等。

第一節 三元玄空陽宅內六事概論

大門：

1、大門為陽稱為「門」，後門為陰稱為「戶」，是為「天門、地戶」。

2、天門地戶要合宜，大門要大要高於後門，為「天尊地卑」之意。

3、大門要開在玄空挨星生旺方，切忌開在退氣、死氣、殺氣方。

4、大門宜開中門有「旺山旺向」、「雙星會向」之格局。

5、「雙星會坐」、「上山下水」之格局，宜擇向星生旺方開門。

客廳：

1、客廳向盤挨星，宜在住宅的生氣方、旺氣方，或是「城門訣」之方位。

2、此方位的挨星以山盤、向盤、運盤，循環相生為佳。

3、在客廳或是起居室中心點觀看，門口、大型窗戶、冷氣口、樓梯口、通道，宜在生氣方、旺氣方，或是「城門訣」之方位。

4、若是客房則山盤挨星，不可在住宅的生氣方或旺氣方，否則會有奴欺主的現象。

5、在客房中心點看房門、大型窗戶、冷氣口，宜在向盤挨星的生氣方、旺氣方，或是「城門訣」之方位。

臥房：

1、主臥室最適宜安排在住宅山盤挨星的旺氣方，其他房則置於山盤挨星之生氣方為佳。

2、樓梯壓床最為忌，名曰：「劍鋒煞」，主應三年一人喪，九年喪三人。

書房：

1、書桌或辦公桌最好的安置時間是，紫白飛星於年月日時飛臨在一、四、四一、一六、六一、六八、八六，到方之組合。

2、玄空山星、向星有一四、四一、一六、六一、六八、八六、二七、七二、三八、八三、四九、九四、三九、九三的組合皆適合當書房，尤其當旺運更佳。

廚房：

1、廚房為火氣最旺之處，烹煮食物之所，與身體健康之關係密不可分，火能剋金，故六白、七赤方宜避之，更不可安灶。

2、餐廳與廚房最好的位置是，上元的八白方，中元的一白或八白方，下元的八白方。亦或一運取一白或三碧方；二運取三碧或四綠方；三運取三碧或四綠方；四運取一白或八白方；六運取一白或八白方；七運取一白或八白方；八運取八白、九紫方、一白方；九運取一白、八白方、九紫方。

3、陽宅秘奧云：「火門方忌作灶，主火災。寅午戌三山，臨官在巳，巳方為火門；申子辰三山，臨官在亥，亥方為火門；巳酉丑三山，臨官在申，申方為火門；亥卯未三山，臨官在寅，寅方為火門。」

4、灶管人丁，水管財。水缸對灶鍋為「水火既濟」，主應夫妻和諧、同心。

5、爐灶安置的方位，切勿與床位相反。如灶安於西方，床安於東方或是灶安於南方，床安於北方，主傷人丁，不利家宅平安。

6、玄空爐灶最佳坐向為：坐一向三、坐三向一、坐一向四、坐四向一、坐三向八、坐八向三、坐四向八、坐八向四。

7、安置爐灶二運當下，二黑可用是為天醫星，主出文貴、醫病、催丁，其他元運皆主病厄。

8、五黃臨位，無論任何元運皆不能安灶為用。

廁所：

玄空向盤挨星臨退氣、死氣、殺氣方為佳，不可安在生氣方與旺氣方，一白、四綠、六白、八白方。

樓梯：

1、以玄空向盤挨星臨生氣方、旺氣方為佳。

2、若是公寓大樓，則在自家大門予以對照電梯或樓梯，取向盤生旺方。

3、「旺山旺向」、「雙星會向」之格局，樓梯可設置於前，但梯口勿沖大門。

4、「雙星會坐」、「上山下水」之格局，樓梯可設置於後。

財位：

1、財位可在玄空山盤挨星的生氣方、旺氣方做佈局。

2、財位可布置盆栽、臥床、收銀台、金庫、招財吉祥物、沙發等。

3、財位最喜挨星飛臨一三、三一、一四、四一、一六、一七、二八、二七、二八、二九、三四、四三、三九、四九、六六、六八、七六、七七、七八、八六、八七、八九的組合，若逢當令，皆主旺丁旺財。

4、財位喜逢零神方與照水方。

5、零神方乃為失運衰氣之運神，如目前為八運（民國93年～民國112年），則二坤（西南方）

為零神，九運（民國 113 年～民國 132 年），則一坎（北方）為零神。零神又名「正水」，水以衰為旺，故零神方最宜見水（又稱催財水），主大發。

6、照水方乃為零水合成先天卦數上有水者，謂之照水；如八運艮（八）為正水，坤方（二）為零水，則「二七同道」，兌（七）為八運之照水。

下元八運：壬山——（坐北偏西北向南）屋外及屋內八大方位佈局

八運壬山是「雙旺星到山」，坐後（屋宅後方）需要靠山，也需要水來相助，給住者們人丁更旺。

向上（明堂前）97在向，若見有水池（風水球）或一片田地，水現白光，發財更快！前氣與後氣要陰陽交合，才能旺財丁！向上（明堂前）有一排房屋或案山，謂之「回龍顧主」賺錢很快，又能存得住。

丙向

52 七 巽	97 三 離	79 五 坤
61 六 震	43 八	25 一 兌
16 二 艮	88 四 坎	34 九 乾

壬山

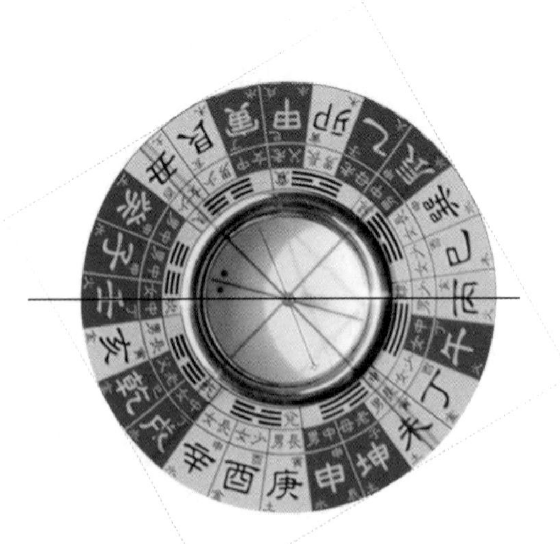

坎卦——（北方）：

88坐山，八白當運星，坐後（屋宅後方）需要靠山來助丁，可留後門納八白氣，可安床對身體有益，此方可安瓦斯爐向前面納七赤氣。

艮卦——（東北方）：

16可放洗衣機，規劃做水槽、水龍頭或放風水球的位置。

坤卦——（西南方）：

79向星九，前門可留在虎邊納九紫氣，別派陽宅學最怕前門留在虎邊，其實壬山在八運，門留虎邊是最好的、很旺的。

兌卦——（西方）：

25零神加五黃，宜靜不宜動，放瓦斯爐很容易患胃癌，安床睡覺做噩夢，放水族箱或風水球，會影響兌命人，藥石不斷，安書桌，書讀不好。

乾卦——（西北方）：

34留後門，犯暗桃花，可規劃做廁所、浴室，外局若有高壓電塔，犯劫財。

中宮——（中間區塊）：

43忌留天井，會犯劫財，忌放水族箱或風水球，會損財，忌吊扇易犯桃花。

震卦——（東方）：

61 可規劃做密堂、修行、禪房、禪坐、書房。

巽卦——（東南方）：

52 前門留在龍邊，犯零神星又是病符星。出入身體欠安，忌放水族箱或風水球，會影響身體，體弱多病，外局若有高起，犯毒害。

離卦——（南方）：

97 向星七赤是衰星，但是無妨，可安裝冷氣機、抽風機。

下元八運：子山（坐北向南）、癸山（坐北偏東北向南）——

屋外及屋內八大方位佈局

八運子山、癸山是「雙旺星到向」，向上（明堂前）見到水池（風水球），水現白光，旺財星；向上（明堂前）有一排房屋或案山，謂之「回龍顧主」，賺錢很快，又能存得住。店舖大門宜留在中間，納八白氣才能旺財；前門留在龍邊，向星四為文曲星，是失令星，見水易犯桃花；門留虎邊，向星六為衰弱星，賺錢很辛苦；坐山山盤九為生運星，與向星八白謂之陰陽交媾，合稱丁財兩旺。

午向、丁向

34 七 巽	88 三 離	16 五 坤
25 六 震	43 八	61 一 兌
79 二 艮	97 四 坎	52 九 乾

子山、癸山

坎卦——（北方）：

97 坐山，九是未來生運星，坐後（屋宅後方）需要靠山來助丁，可安床睡覺身體健康，此方可安瓦斯爐向前面納八白氣。

艮卦——（東北方）：

79 可留後門，可放洗衣機，規劃做水槽、水龍頭或放風水球。

坤卦——（西南方）：

16 可做客廳聯誼，放電視機或音響，外局見水池（風水球），發科技、文學。

兌卦——（西方）：

61 可規劃做修行、禪房、禪坐、書房。

乾卦——（西北方）：

52 忌留後門，犯病符星，可規劃做廁所、浴室。

中宮——（中間區塊）：

43 忌留天井，犯劫財，忌放水族箱或風水球，會損財。

震卦——（東方）：

25 病符星，忌放瓦斯爐，易患脾胃病，忌安床，會導致精神不濟、疲憊不堪，忌放水族箱或風水球，會有皮膚病症狀，外局忌高壓電塔，易胃痛。

巽卦——（東南方）：

34可放書桌助文學，放電腦思緒靈活，放鋼琴彈得妙，外局高壓電塔，犯劫財。

離卦——（南方）：

88雙旺星到向，宜開中門納八白氣，可安冷氣機、安抽風機、放水族箱或風水球助財源，外局有案山謂之回龍顧主。

下元八運：丑山——（坐東北偏北向西南）屋外及屋內八大方位佈局

八運丑山是「旺山旺向」旺財丁，坐後（屋宅後方）需要靠山，使住者們人丁更旺，但是要避開零神二黑氣進入。向上（明堂前）58在向，見有水池（風水球）或一片田地，水現白光，發財很快。

向上（明堂前）如果有一排房屋很高大，稱過頭屋，影響前途，發展困難。

未向

71 三 離	58 五 坤	93 一 兌
36 七 巽	25 八	14 九 乾
47 六 震	82 二 艮	69 四 坎

丑山

艮卦——（東北方）：

82旺星到山，房屋後面有靠山，丁旺。不要開後門，犯零神病符星，可安床睡覺，表示身體健康，此方可安瓦斯爐向前面納八白氣。

震卦——（東方）：

47可安床，夫妻感情良好，外局若有高大樹木，易犯桃花。

巽卦——（東南方）：

36忌安床睡覺，易筋骨酸痛；外局有高樓大廈，易犯小偷。

離卦——（南方）：

71可放水族箱或風水球助財運，可當客廳泡茶為用。

坤卦——（西南方）：

58旺星到向。宜開中門納八白氣，向上（明堂前）如有水池（風水球），發財更快！可安裝冷氣機、抽風機，可放水族箱或風水球，助財源。

兌卦——（西方）：

93前門留在虎邊，犯劫財，放水族箱或風水球，會影響財運。

乾卦——（西北方）：

14安書桌旺文學，安電腦思緒靈活，安鋼琴彈得好。

坎卦——（北方）：

69可留後門納九紫生氣方。

中宮——（中間區塊）：

25零神加五黃，宜靜不宜動，放書桌，書讀不好；放辦公桌影響脾胃，忌放水族箱或風水球，會藥石不斷。

下元八運：艮山（座東北向西南）、

寅山（座東北偏東向西南）屋外及屋內八大方位佈局

八運艮山、寅山是「上山下水」損丁財，坐山五黃是死運星，影響身體欠安。向上（明堂前）二黑零神病符星，如果開中門全家人會藥石不斷，有陰人出入。此宅若沒有改換天心，此屋住不平安！

改制方法：坐山安天地盤轉運法，向上（明堂前）改氣口納新氣，只有玄空大卦有此方法改善，才能使住者們平安順利，配合日課效果甚佳。

坤向、申向

69 三 離	82 五 坤	47 一 兌
14 七 巽	25 八	36 九 乾
93 六 震	58 二 艮	71 四 坎

艮山、寅山

艮卦——（東北方）：

58坐山五黃是癌毒星，會損人丁，安瓦斯爐很容易患癌症，安床懷孕易生怪胎，留後門納八白氣，坐山後面宜低不能逼，如果空地全部蓋滿，會損丁。

震卦——（東方）：

93留後門犯劫財，放水族箱或風水球，會影響財運。

巽卦——（東南方）：

14安書桌旺文學，安電腦思緒靈活，安鋼琴彈得好。

離卦——（南方）：

69開龍門納九紫未來氣，可放水族箱或風水球助財運，可當客廳泡茶用。

坤卦——（西南方）：

82向上（明堂前）二黑零神病符星，勿開中門導致身體欠安，陰人出入。

兌卦——（西方）：

47可安床，夫妻感情良好，外局若有高大樹木，易犯桃花。

乾卦——（西北方）：

36忌安床睡覺，易筋骨痠痛；外局有高樓大廈，易犯小偷。

坎卦——（北方）：

71 可放洗衣機或抽風機。

中宮——（中間區塊）：

25 零神加五黃，宜靜不宜動，放書桌，書讀不好；放辦公桌影響脾胃，忌放水族箱或風水球，會藥石不斷。

下元八運：甲山——（坐東偏東北向西）屋外及屋內八大方位佈局

在八運裡甲山是「雙旺星到山」，坐山後面要有靠山助丁旺，也需要水池（風水球）來助財源，如果後面沒有靠山，可以種植樹木當靠山。向上（明堂前）43蚩尤星開中門犯劫，向上（明堂前）見水池（風水球）沒有案山，會出小偷。甲山丁旺財衰，前門需要改氣口納新氣，才能使此屋變成丁財兩旺。

庚向

97 五 坤	43 一 兌	52 九 乾
25 三 離	61 八	16 四 坎
79 七 巽	88 六 震	34 二 艮

甲山

震卦——（東方）：

88當運星到山，旺丁，坐山後面有靠山，人丁會更旺，也需要水來助財源，可留後門納八白氣，可安床舖睡覺，身體健康。

巽卦——（東南方）：

79可放瓦斯爐或洗衣機。

離卦——（南方）：

25零神加五黃，宜靜不宜動，忌安床睡覺，會導致體弱多病。

坤卦——（西南方）：

97可留龍邊門，可放水族箱或風水球助財源，宜做客廳泡茶。

兌卦——（西方）：

43開中門犯劫財，向上（明堂前）見水池（風水球），沒有案山，會出小偷。

乾卦——（西北方）：

52忌留虎門犯零神病符星，外局有高大電柱犯癌毒星。

坎卦——（北方）：

16規劃做密堂、修心養性、禪功、誦經唸佛。

艮卦——（東北方）：

34忌留後門，犯暗桃花，可做廁所、浴室。

中宮——（中間區塊）：

61安神佛，誦經唸佛，迴向消除業障。

下元八運：卯山（坐東向西）、乙山（坐東偏東南向西）——

屋外及屋內八大方位佈局

在八運裡卯山、乙山是「雙旺星到向」，向上（明堂前）見有水池（風水球）或田地來助財源，向上（明堂前）還需要案山來助財源，謂之「回龍顧主」，有錢才能存得住。坐山43坐文曲死運星，影響人丁身體健康，需要安天地盤轉運法，才能住得平安順利。

西向、辛向

34 五 坤	88 一 兌	79 九 乾
16 三 離	61 八	25 四 坎
52 七 巽	43 六 震	97 二 艮

卯山、乙山

震卦——（東方）：

43後面有高樓會出桃花，後面有水池（風水球）會損財，開後門犯劫財。

巽卦——（東南方）：

52癌毒星影響身體健康，勿開後門犯零神病符星。

離卦——（南方）：

16規劃做密堂、修心養性、禪功、誦經唸佛。

坤卦——（西南方）：

34忌留前門犯暗桃花，外局有高壓電柱犯劫財星。

兌卦——（西方）：

88雙旺星在向，向上（明堂前）需要水池（風水球）或田地來助財源，向上（明堂前）若沒有案山相助，雖然很賺錢，但是花用金錢也很快！開中門納八白氣。

乾卦——（西北方）：

79前門可留虎邊，可放水族箱或風水球助財源，宜做客廳泡茶。

坎卦——（北方）：

25零神加五黃，宜靜不宜動，忌安床舖睡覺，會體弱多病。忌留窗戶納五黃氣，會影響身體健康，放水族箱或風水球犯癌毒星。

艮卦——（東北方）：

97 可開後門，此方可安瓦斯爐或洗衣機。

中宮——（中間區塊）：

61 安神佛，誦經唸佛，迴向消除業障。

下元八運：辰山——（坐東南偏東向西北）屋外及屋內八大方位佈局

在八運裡辰山是「上山下水」丁衰財平，辰山要靠後氣來助財，坐山六衰星，丁不旺，需要安天地盤轉運法，才能使住者人丁身體健康。向上（明堂前）見有水池（風水球），水現白光，也會旺財源。

戌向

92 一 兌	81 九 乾	35 四 坎
46 五 坤	79 八	13 二 艮
24 三 離	68 七 巽	57 六 震

辰山

巽卦——（東南方）：

68坐山六衰星，丁不旺，需要安天地盤轉運法轉變磁場，忌安瓦斯爐，會患頭痛，後面有水池（風水球）會助財，可開後門，迎八白旺氣入中。

離卦——（南方）：

24 勿開後門，犯文曲桃花星，外局如有高壓電塔犯胃痛。

坤卦——（西南方）：

46 勿開窗戶納六衰氣，會擾亂思緒。

兌卦——（西方）：

92 開龍門，犯零神病符星，主應藥石不斷。

乾卦——（西北方）：

81 宜開中門，向上（明堂前）見有水池（風水球），水現白光，也會旺財源。可放水族箱或風水球助財源，宜做客廳泡老人茶。

坎卦——（北方）：

35 忌留虎邊門，犯癌毒星，外局有高壓電柱犯劫財星。

艮卦——（東北方）：

13 可安床舖，睡覺頭腦清晰，開窗戶犯劫財。

震卦——（東方）：

57 開後門，衰氣不吉，可放洗衣機。

中宮——（中間區塊）：

79 三盤連珠，安神佛誦經唸佛，迴向消除業障。

下元八運：巽山（坐東南向西北）、巳山（坐東南偏南向西北）——

屋外及屋內八大方位佈局

在八運裡巽山、巳山是「旺山旺向」旺財丁，坐山要有靠山，人丁會更旺，如有水池（風水球），水現白光會助財源。向上（明堂前）見水池（風水球），水現白光，發財更快！向上（明堂前）見有一排房屋，或是有案山來相助，謂之「回龍顧主」，賺錢才能存得住。

乾向、亥向

57 一 兌	68 九 乾	24 四 坎
13 五 坤	79 八	46 二 艮
35 三 離	81 七 巽	92 六 震

巽山、巳山

巽卦——（東南方）：

81 當運星到山旺丁，可開後門納一白氣，可放瓦斯爐或洗衣機，可安床，主應身體健康，後面若有空地，可做假山噴水池（風水球）。

離卦——（南方）：

35 忌留後門，犯癌毒星，外局有高壓電柱，犯劫財星。

坤卦——（西南方）：

13 可安床舖，睡覺頭腦清晰，開窗戶犯劫財。

兌卦——（西方）：

57 開龍門，退氣門不吉，宜做客廳泡老人茶。

乾卦——（西北方）：

68 宜開中門納八白氣，向上（明堂前）見有水池（風水球），水現白光，發財更快！可放水族箱或風水球助財源，可安裝冷氣機或抽風機。

坎卦——（北方）：

24 勿開虎門，犯文曲桃花星，外局有高壓電塔易犯胃病。

艮卦——（東北方）：

46 勿開窗戶納六衰氣，會擾亂思緒。

震卦——（東方）：

92 勿開後門，犯零神病符星，藥石不斷。

中宮——（中間區塊）：

79 三盤連珠，安神佛誦經唸佛，迴向消除業障。

下元八運：丙山──（坐南偏東南向北）屋外及屋內八大方位佈局

在八運裡丙山是「雙旺星到向」，向上（明堂前）需要見水池（風水球），水現白光，發財很快！向上（明堂前）有一排房屋或案山，謂之「回龍顧主」，賺錢很快，又能存得住。若向上（明堂前）沒有案山來相助，只是一遍寬闊平地，此屋雖然旺財，賺錢很快，但是花用金錢也很快！放水族箱或風水球助財源，可安冷氣機。坐山七赤衰星到，可留後門納九紫氣來助財運！

壬向

43 九 乾	88 四 坎	61 二 艮
52 一 兌	34 八	16 六 震
97 五 坤	79 三 離	25 七 巽

丙山

離卦──（南方）：

79 坐山七赤是衰星，可安抽風機，抽九紫旺氣進入屋內。

坤卦——（西南方）：

97忌留後門，走衰門不吉，外局有高壓電塔易犯火災。

兌卦——（西方）：

52零神加五黃，宜靜不宜動，放瓦斯爐很容易患胃癌，安床睡覺易做噩夢，放水族箱或風水球，會影響兌命人藥石不斷，安書桌，書讀不好。

乾卦——（西北方）：

43前門留在龍邊，犯零神星，出入身體欠安。

坎卦——（北方）：

88旺星到向，可開中門，向上（明堂前）需要見水池（風水球），水現白光，發財很快。

艮卦——（東北方）：

61可規劃做密堂、修行、禪房、禪坐、書房。

震卦——（東方）：

16可安床睡覺，主應身體健康。忌安瓦斯爐，會納入二黑氣，身體欠安。

巽卦——（東南方）：

25忌留後門，犯癌毒星，可規劃做廁所或浴室。

中宮——（中間區塊）：

34忌留天井，犯桃花，忌放水族箱或風水球，會損財，忌吊扇易犯劫財。

下元八運：午山（坐南向北）、丁山（坐南偏西南向北）——

屋外及屋內八大方位佈局

在八運裡午山、丁山是「雙旺星到山」，坐山後面有靠山，人丁會更旺，可放水槽或洗衣機，後面可做假山噴水池（風水球），助丁財兩旺。向上（明堂前）79是生運星，宜開中門，向上（明堂前）見有水池（風水球）或一片田地，水現白光，發財很快！前氣與後氣要合陰陽交媾，更佳！

子向、癸向

25 九 乾	79 四 坎	97 二 艮
16 一 兌	34 八	52 六 震
61 五 坤	88 三 離	43 七 巽

午山、丁山

離卦——（南方）：

88 坐山八白旺星到向，可開後門，後面若有水池（風水球），水現白光，發財很快！可放瓦斯爐向前面納生運星，可安床舖睡覺，身體健康。

坤卦——（西南方）：

61可規劃做密堂、修行、禪房、禪坐、書房。

兌卦——（西方）：

16可安床，睡覺身體健康，忌安瓦斯爐，會納入二黑氣，身體欠安。

乾卦——（西北方）：

25前門留在龍邊，犯癌毒星，出入身體欠安，放水族箱或風水球，會影響乾命人藥石不斷，宜靜不宜動。

坎卦——（北方）：

79宜開中門，向上（明堂前）見有水池（風水球）或一片田地，水現白光，發財很快！前氣與後氣要合陰陽交媾，更佳！

艮卦——（東北方）：

97忌留虎門，走衰門不吉，外局有高壓電塔易犯火災。

震卦——（東方）：

52零神加五黃，放瓦斯爐很容易患胃癌，安床睡覺會做噩夢，安書桌，書讀不好。

巽卦——（東南方）：

43忌留後門，犯劫財星，可規劃做廁所或浴室。

中宮——（中間區塊）：

34忌安吊扇，忌放水族箱或風水球，易犯桃花。忌放辦公桌，筋骨容易痠痛。

下元八運：未山——（坐西南偏南向東北）屋外及屋內八大方位佈局

八運未山是「旺山旺向」旺財丁，坐山八白當運星，旺丁，後面有靠山更佳。不能放水池（風水球），犯癌毒症，影響身體欠安。向上（明堂前）八白星到，宜開中門，見到水現白光，發財很快！向上（明堂前）若有高樓大廈，是零神病符星，會影響前途。

丑向

96 四 坎	28 二 艮	74 六 震
41 九 乾	52 八	63 七 巽
39 一 兌	85 五 坤	17 三 離

未山

坤卦——（西南方）：

85 坐山當運星到，旺丁！後面不可放水池（風水球），犯癌毒星，會影響身體欠安！此方可安瓦斯爐向前面納八白旺氣。

兌卦——（西方）：

39 可留後門納未來生運星，外局有高大電塔犯劫財。

乾卦——（西北方）：

41 安書桌旺文學，安電腦思緒靈活，安鋼琴彈得好。

坎卦——（北方）：

96 勿開龍門，納六白衰死星，不吉！

艮卦——（東北方）：

28 當運星到向，旺財，宜開中門向上（明堂前）見水，發財很快！可放水族箱或風水球助財運，可做客廳泡老人茶。

震卦——（東方）：

74 忌留虎門，犯桃花，可安床，主應夫妻感情良好。

巽卦——（東南方）：

63 開窗戶犯劫財，安瓦斯爐易犯頭痛。

離卦——（南方）：

17 可放洗衣機或抽風機，亦可安床睡覺，主應身體健康。

中宮——（中間區塊）：

52 零神加五黃，宜靜不宜動，放書桌，書讀不好，放辦公桌，影響脾胃。忌安吊扇犯癌毒星，忌放水族箱或風水球，會藥石不斷。

下元八運：坤山（坐西南向東北）、申山（坐西南偏西向東北）——

屋外及屋內八大方位佈局

八運坤山、申山是「上山下水」損丁財，坐後（屋宅後方）不需要靠山，因坐山是零神二黑氣，會影響身體健康！可開後中門納八白氣助屋運，此屋需要安天地盤轉運法，把房屋轉移合天運合地運，給住者們人丁平安順利。向上（明堂前）五黃癌毒氣，如果沒有改氣口納新氣，此屋住不平安，陰人進入。

艮向、寅向

17 四 坎	85 二 艮	39 六 震
63 九 乾	52 八	41 七 巽
74 一 兌	28 五 坤	96 三 離

坤山、申山

坤卦——（西南方）：

28 坐山零神二黑氣，若後靠玄武逼近，住在此屋之人，會藥石不斷。

兌卦——（西方）：

74 勿開後門，易犯桃花。

乾卦——（西北方）：

63 忌安瓦斯爐，很容易患頭痛，開窗戶犯劫財。

坎卦——（北方）：

17 可放水族箱或風水球助財運，可做客廳泡老人茶。

艮卦——（東北方）：

85 勿開中門，犯癌毒星，有陰人進入，諸事不順。

震卦——（東方）：

39 可開虎門納未來生氣，可放水族箱或風水球助財源。

巽卦——（東南方）：

41 安書桌旺文學，安電腦思緒靈活，安鋼琴彈得好。

離卦——（南方）：

96忌留後門，易患頭痛。

中宮——（中間區塊）：

52零神加五黃，宜靜不宜動，放書桌，書讀不好，放辦公桌影響脾胃。忌放水族箱或風水球，會藥石不斷。

下元八運：庚山——（坐西偏西南向東）屋外及屋內八大方位佈局

在八運裡庚山是「雙旺星到向」，向上（明堂前）需要見水池（風水球），水現白光，發財很快。

如果向上（明堂前）沒有案山來相助，只是一遍寬闊平地，此屋雖然旺財，賺錢很快，但是花用金錢也很快！坐山34蚩尤星，影響人丁發展，如果後面有高樓很逼近，會出強盜。此屋需要安天地盤轉運法，把房屋轉移合天運、合地運，給住者們人丁平安順利。

甲向

43 二 艮	88 六 震	97 七 巽
61 四 坎	16 八	52 三 離
25 九 乾	34 一 兌	79 五 坤

庚山

兌卦——（西方）：

34 勿開後門，易犯桃花；忌放瓦斯爐，易犯筋骨痠痛。

乾卦——（西北方）：

25勿開後門，犯癌毒星；忌放瓦斯爐，易犯胃痛。

坎卦——（北方）：

61可放水族箱或風水球助財運，可做書房或電腦室。

艮卦——（東北方）：

43勿開龍門，犯劫財，忌放水族箱或風水球，會損財。

震卦——（東方）：

88可開中門納旺氣，可放水族箱或風水球助財源。可安床，睡覺身體健康，可做客廳泡老人茶。

巽卦——（東南方）：

97外局有高壓電塔，若逢流年五黃到，易犯火災。

離卦——（南方）：

52零神加五黃，宜靜不宜動，放書桌，書讀不好，放辦公桌影響脾胃。忌放水族箱或風水球，會藥石不斷，忌安床睡覺，易做噩夢。

坤卦——（西南方）：

79可開虎門納未來的生氣。

中宮——（中間區塊）：

16可規劃做密室、修密法、禪坐，可安辦公桌向前面。

下元八運：酉山（坐西向東）、辛山（坐西偏西北向東）——

屋外及屋內八大方位佈局

在八運裡酉山、辛山是「雙旺星到山」丁旺，坐山後面要有靠山，也需要水來助財，後面如果有空地，可做假山噴水池（風水球），宜開後門納旺氣。向上（明堂前）文曲星不合天運，開中門犯桃花，向上（明堂前）若有高樓大廈，犯強盜。

卯向、乙向

79 二 艮	34 六 震	25 七 巽
52 四 坎	16 八	61 三 離
97 九 乾	88 一 兌	43 五 坤

酉山、辛山

兌卦——（西方）：

88雙旺星到，旺丁，此方可安瓦斯爐，可放洗衣機，開後門納旺氣，可安床睡覺，主應身體健康。

乾卦——（西北方）：

97 勿開後門納七赤衰氣。

坎卦——（北方）：

52 零神加五黃，宜靜不宜動，放書桌，書讀不好，放辦公桌會影響脾胃。忌放水族箱或風水球，會藥石不斷，忌安床睡覺，易做噩夢。

艮卦——（東北方）：

79 可開龍門，納未來生運星的氣，可做客廳泡老人茶。

震卦——（東方）：

34 勿開中門納文曲氣，易犯桃花。需要改變氣口納新氣，避開文曲氣，轉變為財氣。

巽卦——（東南方）：

25 千萬不要開虎門，納五黃氣影響身體健康。忌放水族箱或風水球，容易消化不良，零神加五黃，宜靜不宜動。

離卦——（南方）：

61 忌放瓦斯爐，很容易患頭痛又患脾胃消化不良，安床睡覺會頭痛。

坤卦——（西南方）：

43 勿開後門犯劫財，可做廁所或浴室。

中宮——（中間區塊）：

16可安一盞圓形燈，做密室、修密法或安辦公桌。

下元八運：戌山——（坐西北偏西向東南）屋外及屋內八大方位佈局

在八運裡戌山是「上山下水」損丁財，坐山一白不是當運星，但卻是未來生運星，尚可用之。坐山後面要有靠山，也需要水來助財，後面如果有空地，可做假山噴水池（風水球），宜開後門納旺氣。向上（明堂前）六白不合天運，開中門患頭痛，向上（明堂前）有房屋能顧丁顧財。

辰向

75 六 震	86 七 巽	42 三 離
31 二 艮	97 八	64 五 坤
53 四 坎	18 九 乾	29 一 兌

戌山

乾卦——（西北方）：

18坐山一白未來運，可開後門納旺氣，可安床睡覺，主應身體健康，此方可安瓦斯爐或洗衣機。

坎卦——（北方）：

53勿開後門納蚩尤星氣，犯劫財，此處亦忌放瓦斯爐。

艮卦——（東北方）：

31安床睡覺容易筋骨痠痛，外局如果有水，主犯劫財，很容易患腳病、肝炎。

震卦——（東方）：

75勿開龍門，納五黃氣影響身體健康至極。

巽卦——（東南方）：

86向星六白衰星，開中門犯頭痛，要改氣口納新氣，才會旺財。

離卦——（南方）：

42勿開虎門，納零神病符星的氣，影響身體健康。忌放水族箱或風水球，會藥石不斷，外局有高建築物很容易患膽病。

坤卦——（西南方）：

64外局如果有水，宅內易有風流之人；若安床，睡覺容易會頭痛。

兌卦——（西方）：

29可開後門納未來的氣，可放洗衣機，外局若有高壓建物，很容易患胃病。

中宮——（中間區塊）：

97三盤連珠，可放辦公桌，可做客廳泡老人茶。

下元八運：乾山（坐西北向東南）、亥山（坐西北偏北向東南）——

屋外及屋內八大方位佈局

八運乾山、亥山是「旺山旺向」旺財丁，坐山後面要有靠山來助丁。忌放水池（風水球），很容易患頭痛，可放瓦斯爐向前面納旺氣，勿開後中門納衰星氣，不吉！向上（明堂前）旺星到，可開中門，見到水池（風水球），發財很快！向上（明堂前）若有房屋一樣高，當案山更佳。

巽向、巳向

29 六 震	18 七 巽	53 三 離
64 二 艮	97 八	31 五 坤
42 四 坎	86 九 乾	75 一 兌

乾山、亥山

乾卦——（西北方）：

86 坐山當運走到，旺丁，後面有靠山，人丁會更旺。可安床睡覺，身體健康，此方可安瓦斯爐或洗衣機。

坎卦——（北方）：

42 勿開龍後門，納零神病符星的氣，影響身體健康。外局有高建築物，很容易患膽病。

艮卦——（東北方）：

64 外局若有水，宅內易有風流之人；若安床，睡覺容易會頭痛。

震卦——（東方）：

29 可開龍門納未來的氣，外局有高壓建物，很容易患胃病。

巽卦——（東南方）：

18 向上（明堂前）旺星到，可開中門納旺氣，向上（明堂前）見到水池（風水球），發財很快，可安裝冷氣機或抽風機。

離卦——（南方）：

53 勿開虎門納蚩尤星氣，犯劫財；外局若有水，易患腳病、肝炎。

坤卦——（西南方）：

31 安床睡覺，容易筋骨痠痛；忌安瓦斯爐，易犯腳筋骨痛。

兌卦——（西方）：

75 勿開後門，納五黃氣影響身體健康。

中宮——（中間區塊）：

97 三盤連珠，可放辦公桌，可做客廳泡老人茶。

第三章
玄空山星與向星之組合剋應與化解

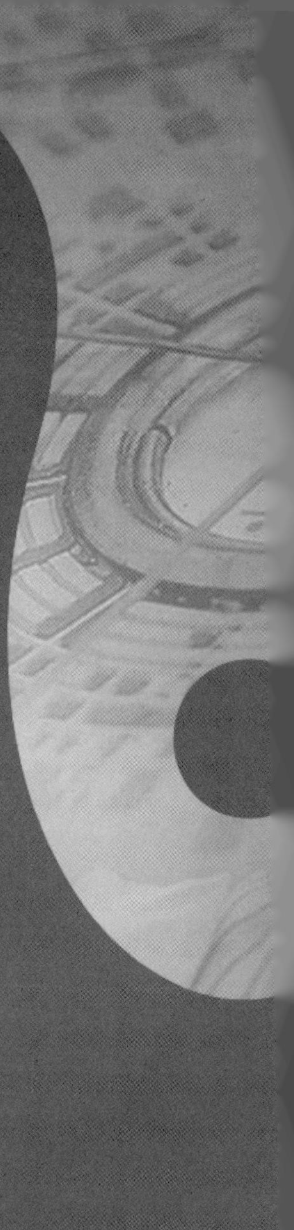

觀察星盤之吉凶，並非單純地只看向星或山星，須看全盤之相互影響及九星之組合，其中山星與向星的組合最為重要，而山星與運星及向星與運星之組合較為次要。本章是綜合《河洛吉凶斷》、《玄空秘旨》、《玄機賦》、《飛星賦》、《紫白訣》、《六十四卦斷訣》等諸篇古籍，做為推斷各宮剋應基礎，有經驗的堪輿師只要屈指一算，便可推斷此宅何人所患何病或何事，其實都是依「卦象」與「星象」彼此之間的剋應而來。

第一節　玄空屋宅方位九星飛泊總論

一一同宮（坎為水）

山與向組合的（好現象）：

生聰明之子。主文章科甲，名揚四海。二水比和，錢財廣豐，產業興盛，初運順利，但是純陽無陰，防婦女身體欠安，久則丁稀。

山與向組合的（壞現象）：

失運恐有；心病、耳痛、血症、腎臟及泌尿系統疾病。坎者險也，險又險則聖人不取，主應事業無成，災禍不斷。

一二同宮（水地比）

山與向組合的（好現象）：

主有功名榮華，婚姻幸福，逢凶化吉，大吉大利之兆。

山與向組合的（壞現象）：

失運恐有：眾叛親離、散亂、水腫、出血，並應注意消化系統及腎臟系統疾病。

一三同宮（水電屯）

山與向組合的（好現象）：

主富貴吉祥，家庭和順，福祿自來。

山與向組合的（壞現象）：

失運恐有：遭困，少子嗣。卦逢純陽，不利於陰，年久則婦女身體欠安，人丁不旺。逢七赤，防被蛇咬或犬傷雷擊。

一四同宮（水風井）

山與向組合的（好現象）：

主科名文章，發甲出秀，偏房出文貴之子。宜財團之子公司於此辦事，利文書契約。

山與向組合的（壞現象）：

失運恐有：有人放蕩，犯法通緝，精神異常。若一白衰退，木洩弱水，主叔嫂曖昧。失運，逢七赤，注意肺、腎等循環與泌尿系統之毛病。

一五同宮

山與向組合的（好現象）：

出文魁榜首，多生聰明智慧男子。

山與向組合的（壞現象）：

失運恐有；傷丁、陰處生瘡、腎結石、水腫、不孕、流產。

一六同宮（水天需）

山與向組合的（好現象）：

主大旺科名，發財祿並主有壽，遇二、八流年多應。

山與向組合的（壞現象）：

失運恐有；患腦出血、精神錯亂、父子不和、傷寒、盜竊犯刑、防溺水之憂或流離飄盪。

一七同宮（水澤節）

山與向組合的（好現象）：

家庭生活美滿，夫唱婦隨，父子有親，衣食豐足。

山與向組合的（壞現象）：

失運恐有；貪花戀酒、男女多情，又主吐血、放蕩。

一八同宮（水山蹇）

山與向組合的（好現象）：

發文才之士，利開礦或水利工程等艱苦事業。

山與向組合的（壞現象）：

失運恐有；困難艱苦、兄弟不和、入獄、腰痛、鼻炎、手傷。

一九同宮（水火既濟）

山與向組合的（好現象）：

後天合十，為一白中男配九紫中女，最佳之陰陽相配。旺人丁，富貴雙全，萬事亨通吉利，功名利祿。

山與向組合的（壞現象）：

失運恐有；夫妻不和、離異、官災，中女身體欠安、心痛眼疾。

二一同宮（地水師）

山與向組合的（好現象）：

利益功名，駿業可成，婚姻美滿，無災無難。

山與向組合的（壞現象）：

失運恐有；主腹水之疾、糖尿病，中男身體欠安，小孩難養，官非訴訟。

二二同宮（坤為地）

山與向組合的（好現象）：

大旺田園，財帛豐盈。利武職或金屬，田產行業起家，出名醫，亦旺人丁，但是孤陰不利陽，多寡婦興家。

山與向組合的（壞現象）：

失運恐有；主妻奪夫權，多腹疾、貪鄙、難產及出寡婦。

二三同宮（地雷復）

山與向組合的（好現象）：

改過遷善，修道有成，不宜性急，宜守不宜進。

山與向組合的（壞現象）：

失運恐有；被重物或牆壁壓傷，長子逆母凌弟，因貪受害，破敗家業。

二四同宮（地風升）

山與向組合的（好現象）：

宜經營地產，旺財。

山與向組合的（壞現象）：

失運恐有；婆媳不和，不利母，男不長壽，中圈套、陷阱。

二五同宮

山與向組合的（好現象）：

旺人丁，發田產，出法官，利武貴，大利醫家、藥房或殯儀業。

山與向組合的（壞現象）：

失運恐有；死亡、疾病、諸事不遂，二五出寡婦，五二出鰥夫。

二六同宮（地天泰）

山與向組合的（好現象）：

土金相生，陰陽得配，主應父母壽長，田產致富，財丁兩旺。

山與向組合的（壞現象）：

失運恐有；寒熱往來，吝心不足，出僧尼，散財勞苦，但不主貧寒。

二七同宮（地澤臨）

山與向組合的（好現象）：

橫財、鉅富、多生女，出醫師、法官。

山與向組合的（壞現象）：

失運恐有；孤陰不生、傷夫剋子、腸病、墮胎、流產、官非橫禍。

二八同宮（地山謙）

山與向組合的（好現象）：

田產致富，宜房地產業，主萬事亨通，平安順利。

山與向組合的（壞現象）：

失運恐有；家出僧尼，或主母與僕私通。

二九同宮（地火明夷）

山與向組合的（好現象）：

旺丁，出秀士，二運當旺，財源不絕。

山與向組合的（壞現象）：

失運恐有；目盲，出愚鈍頑夫，缺子損丁，中女血疾，心病眼疾。

☳☵同宮（雷水解）

山與向組合的（好現象）：

水木相生，萬物生機，事事順利，貴人得助。

山與向組合的（壞現象）：

失運恐有；分離，長子離家，損婦女，少子孫。

☳☷同宮（雷地豫）

山與向組合的（好現象）：

先苦後甘，逢凶化吉，貴人相助之應。

山與向組合的（壞現象）：

失運恐有；震木剋坤土，先傷母後傷長房，母子多嫌隙，財損破耗。

☳☳同宮（震為雷）

山與向組合的（好現象）：

生生不息，萬物齊昌，利名、利長房。

山與向組合的（壞現象）：

失運恐有；是非官訟，獨陽不長，少丁婦夭之應或出愚頑之子。

三四同宮（雷風恒）

山與向組合的（好現象）：

長男配長女，陰陽調和二木成林，喜事連連，富貴綿綿，萬事吉昌。

山與向組合的（壞現象）：

失運恐有；不明事理，行事多變，易沉迷聲色之所。

三五同宮

山與向組合的（好現象）：

財祿豐盈，興家創業，驟發富貴，出高官。

山與向組合的（壞現象）：

失運恐有；瘋癲之症、遭蛇咬、車禍血光、賭博敗家。

三六同宮（雷天大壯）

山與向組合的（好現象）：

運勢順遂，家庭婚姻美滿幸福，貴人迎、小人離，大吉大利。

山與向組合的（壞現象）：

失運恐有；金剋木，定主傷長子、長孫。筋骨痠痛，災厄連連之兆。

三七同宮（雷澤歸妹）

山與向組合的（好現象）：

當旺之運，利於服務性行業。

山與向組合的（壞現象）：

失運恐有：金木交戰，定主傷長子、長孫。卦意主事業難成，家庭失和，有守寡或為僧尼之應。

三八同宮（雷山小過）

山與向組合的（好現象）：

可成就小事業，量力而為，終有所成。

山與向組合的（壞現象）：

失運恐有：木剋土，主傷少男、兄弟不和之象。

三九同宮（雷火豐）

山與向組合的（好現象）：

木火通明，有才學功名，田產廣博，富貴齊全。

山與向組合的（壞現象）：

失運恐有：生子雖聰明，但多剛暴之氣，防因一時意氣而傾家；亦防盛極而衰，犯法遭刑，又主刻薄。

四一同宮（風水渙）

山與向組合的（好現象）：

主應青龍入宅，諸事稱心，家門隆昌，才智兼備，富貴吉祥。

山與向組合的（壞現象）：

失運恐有；巽風在上，坎水在下，風行水上，水遇必散。縱使有財富可得，也是過路財神，主應窮困、潦倒。

四二同宮（風地觀）

山與向組合的（好現象）：

為人誠懇實在，易逢貴人相助而聲震四方。

山與向組合的（壞現象）：

失運恐有；木剋坤土，主傷老母，長婦難產，傷丁敗財，口舌是非之應。

四三同宮（風雷益）

山與向組合的（好現象）：

二木成林，茂盛至極，主應財丁兩旺，運程順遂，富貴雙全。

山與向組合的（壞現象）：

失運恐有；不明事理，行事善變。

四四同宮（巽為風）

山與向組合的（好現象）：

二木比和，主女人當家。巽者順也，入也，貴人多助，大吉大利。

山與向組合的（壞現象）：

失運恐有；孤陰不生，久居缺丁之兆，男人壽短，易犯氣喘、咳嗽。

四五同宮

山與向組合的（好現象）：

出文章名士，女強人。

山與向組合的（壞現象）：

失運恐有；癲癇病，膿血之災，走私犯法，倒閉破產。

四六同宮（風天小畜）

山與向組合的（好現象）：

名利雙收，步步高升，競爭中得財。

山與向組合的（壞現象）：

失運恐有；金剋巽木，主傷長女，人財兩散，筋骨疼痛，官訟賊盜。

四七同宮（風澤中孚）

山與向組合的（好現象）：

凡事量力而為，勿貪大棄小，則仍有所成。

山與向組合的（壞現象）：

失運恐有；金木交戰，婦女必傷，陰盛陽衰，男人運衰。主應意志薄弱，缺乏膽識，難成大業。

四八同宮（風山漸）

山與向組合的（好現象）：

樹木生長繁榮茂盛，主應家庭和諧，同心同德，添丁進財。

山與向組合的（壞現象）：

失運恐有；木來剋土，主應不利小房，長婦墮胎，人口不存，官司頻仍。

四九同宮（風火家人）

山與向組合的（好現象）：

木火通明，生聰明子女，出才女，賢婦興家，好善樂施。

山與向組合的（壞現象）：

失運恐有；二女同室，孤陰不生，有絕嗣之應，對宅中少婦不利。

五一同宮

山與向組合的（好現象）：

出文魁榜首，多生聰明智慧男子。

山與向組合的（壞現象）：

失運恐有；傷丁、陰處生瘡、腎結石、水腫、不孕、流產。

五二同宮

山與向組合的（好現象）：

旺人丁、田產豐、出法官、利武貴、大利醫家、藥房或殯儀業。

山與向組合的（壞現象）：

失運恐有；死亡、疾病、諸事不遂。二五出寡婦，五二出鰥夫。

五三同宮

山與向組合的（好現象）：

財祿豐盈，興家創業，驟發富貴，出高官。

山與向組合的（壞現象）：

失運恐有：癲癇病、遭蛇咬、車禍、賭博敗家。

五四同宮

山與向組合的（好現象）：

出文章名人雅士，女強人。

山與向組合的（壞現象）：

失運恐有；癲癇病，膿血之災，走私犯法，倒閉破產。

五五同宮

山與向組合的（好現象）：

大富大貴，多子孫，出各行業領導人物。

山與向組合的（壞現象）：

失運恐有；橫禍、惡疾、昏迷癡呆、官訟淫亂。

五六同宮

山與向組合的（好現象）：

鉅富多丁，宜武職。

山與向組合的（壞現象）：

失運恐有；肺癌、腦癌，多意氣用事而失敗，官非刑訟。

五七同宮

山與向組合的（好現象）：

發財旺丁，最利經營商行。

山與向組合的（壞現象）：

失運恐有；吸毒、服毒、喉症、口腔病變、肺部疾病、橫死。

五八同宮

山與向組合的（好現象）：

出忠臣孝子，富貴雙全。

山與向組合的（壞現象）：

失運恐有；坐骨神經之疾、骨、鼻病變、傾家蕩產。

五九同宮

山與向組合的（好現象）：

人丁興盛，主貴。

山與向組合的（壞現象）：

失運恐有：吸毒、服毒、吐血、火災、官非、癲狂、目疾。

六一同宮（天水訟）

山與向組合的（好現象）：

發科甲，出法官、律師。

山與向組合的（壞現象）：

失運恐有：老父中男，獨陽不長，凡事爭先恐後，爭執不斷，刑訟難免。婦人壽短、不利中男。

六二同宮（天地否）

山與向組合的（好現象）：

土金相生，老父配老母之陰陽正配。主應家業興隆，人丁興旺，唯宜經營工廠，不宜商家。

山與向組合的（壞現象）：

失運恐有：天上地下，天地否，否者塞也！難以伸展之意。一生飄移不定，徒勞無功之數。

六三同宮（天雷旡妄）

山與向組合的（好現象）：

有水則發財，出官員、烈士。

山與向組合的（壞現象）：

失運恐有；乾金剋震木，主應父子不和，定傷長子或長孫。凡事不如人意，多災多難之應。

六四同宮（天風姤）

山與向組合的（好現象）：

後天合十，天地相遇，陰陽調和。故可名利雙收，貴人多助，步步得利。

山與向組合的（壞現象）：

失運恐有；金木刑剋，慎防長婦產厄。主應婦女身體不佳，腳傷痠痛。

六五同宮

山與向組合的（好現象）：

鉅富多丁，宜武職。

山與向組合的（壞現象）：

失運恐有；肺癌、腦癌，多意氣用事而失敗，官非刑訟。

六六同宮（乾為天）

山與向組合的（好現象）：

上下乾金，主應財富豐盈，廣進田產，名利雙收，家道隆昌。

山與向組合的（壞現象）：

失運恐有；雙陽同堂，獨陽無陰，主應傷妻剋子，或妻死再娶。

六七同宮（天澤履）

山與向組合的（好現象）：

二金比和，主應掌權得勢，居官食祿。宜軍警等武職或代理商行業，此方亦宜做為出納、會計之用。

山與向組合的（壞現象）：

失運恐有；犯交劍煞，多劫掠、鬥爭，為老父配少女，主有重婚或納妾之象。

六八同宮（天山遯）

山與向組合的（好現象）：

土金相生，主應田產廣置，宏業日升，父慈子孝，利武職及異路功名。

山與向組合的（壞現象）：

失運恐有；諸事不順，功名難求，此數陽盛陰衰，主應婦女壽夭，久居乏嗣，婚姻不佳，一生貧窮無依。

六九同宮（天火同人）

山與向組合的（好現象）：

天火相同故曰同人，同人者，與人親也，表示廣結善緣，合夥得利，貴人多助之數。

山與向組合的（壞現象）：

失運恐有；火來剋金，中女剋老父，故男懼內，血光之災，多奔波勞苦，中女產厄，不利長房與子孫。

七一同宮（澤水困）

山與向組合的（好現象）：

當旺主居者，溫柔慧黠，青雅小貴，可從事漁獵行業致富。

山與向組合的（壞現象）：

失運恐有；兌上坎下，水居澤中，是為困義。主應前途茫然，逢小人與是非，人口衰微，傷少女與中男。

七二同宮（澤地萃）

山與向組合的（好現象）：

土生金象，表示家運昌隆，榮華富貴，樂善好施，大吉大利之數。

山與向組合的（壞現象）：

失運恐有；老母當家作主，過於寵溺小兒、少女、女婿，子孫日漸稀少。

七三同宮（澤雷隨）

山與向組合的（好現象）：

易得功名利祿，事業步步高升，福壽雙全之大吉數。

山與向組合的（壞現象）：

失運恐有；金剋震木，主應先傷長男與長孫，次禍及長女，屬於財丁兩敗。

七四同宮（澤風大過）

山與向組合的（好現象）：

此卦數凡事要步步為營，不宜躁進，則利文書、出版業。

山與向組合的（壞現象）：

失運恐有；金木刑剋，損男傷婦，一生奔波勞苦，居無定所。

七五同宮

山與向組合的（好現象）：

發財旺丁，最利經營商行。

山與向組合的（壞現象）：

失運恐有；吸毒、喉症、口腔病變、肺部疾病、橫死之應。

七六同宮（澤天夬）

山與向組合的（好現象）：

二金比和，主應財丁兩旺，必出文人雅士，駿業騰達。

山與向組合的（壞現象）：

失運恐有；不明是非，任性固執，多災多厄，不得人和之數。

七七同宮（兌為澤）

山與向組合的（好現象）：

兌為悅也！上兌下兌，兩澤相資，雙喜臨門之象。表示萬事吉昌，貴人多助，富貴雙全之數。

山與向組合的（壞現象）：

失運恐有；孤陰不生，表示子孫不多，少婦專權，居家不寧，易有消化系統之疾。

七八同宮（澤山咸）

山與向組合的（好現象）：

土金相生，陰陽調和，主應婚姻和諧，富貴雙全，財丁兩旺，最得人和，宜醫卜星相之業。

山與向組合的（壞現象）：

失運恐有；慎防手臂或手指容易受傷，少男少女放蕩不羈。

七九同宮（澤火革）

山與向組合的（好現象）：

有信心、耐力、毅力，能成就大業、揚名之吉數。

山與向組合的（壞現象）：

失運恐有；二女同居火剋金，其心難同，先傷幼婦後傷男，家道不安，慎防火災與官非。

八一同宮（山水蒙）

山與向組合的（好現象）：

當旺之運，以專長來從事創業，得長輩提攜最易有成，宜畜牧業致富。

山與向組合的（壞現象）：

失運恐有；土剋水，主傷中男，處事猶豫不決，出忤逆子孫，一生漂泊之數。

八二同宮（山地剝）

山與向組合的（好現象）：

子女成行，樂善好施。宜房地產業或經營人口出入眾多之場所。

山與向組合的（壞現象）：

失運恐有；易受小人加害，事業難成，合夥必敗，遭陷勢孤之數。

八三同宮（山雷頤）

山與向組合的（好現象）：

否極泰來，旭日東升，官貴顯達，義利分明之大吉數。

山與向組合的（壞現象）：

失運恐有；木剋弱土，主應傷妻傷子，獨陽不長，久居乏嗣窮苦之應。

八四同宮（山風蠱）

山與向組合的（好現象）：

利文書，宜經營紡織品行業。

山與向組合的（壞現象）：

失運恐有；萬事停滯不前，氣勢不振，進退失據，憂愁無依之數。

八五同宮

山與向組合的（好現象）：

出忠臣孝子，富貴齊應。

山與向組合的（壞現象）：

失運恐有；坐骨神經之疾，易犯骨、鼻之症，家道中落之應。

八六同宮（山天大畜）

山與向組合的（好現象）：

土金相生，財源廣進，功名利祿，子孫賢孝，事業亨通。

山與向組合的（壞現象）：

失運恐有；純陽之卦，陽盛陰衰，易有婦女短壽與乏嗣之應。

八七同宮（山澤損）

山與向組合的（好現象）：

土金相生之陰陽絕配，主應貴介裨助，名譽佳評，功名晉升，後裔興旺之數。

山與向組合的（壞現象）：

失運恐有；損者，減損也！表示徒勞無功，波折多難，困難重重之應。

八八同宮（艮為山）

山與向組合的（好現象）：

田宅興旺，宜經營各類教室、補習班等行業，可得忠心之部屬，旺丁，發文貴；但不宜經營工廠。

山與向組合的（壞現象）：

失運恐有；傷筋折骨，婦女多厄，損小口，前途困難重重，萬事艱辛。

八九同宮（山火賁）

山與向組合的（好現象）：

家庭和順多吉慶，田產廣豐慶隆昌，福祿綿長，諸事吉祥。

山與向組合的（壞現象）：

失運恐有；火炎土躁，婦性剛烈暴躁，先損少男後傷中女，橫禍癆疾之災。

九一同宮（火水未濟）

山與向組合的（好現象）：

中男中女之夫妻正配，主應財帛豐盈，功名顯赫，子孫滿堂。

山與向組合的（壞現象）：

失運恐有；意志不堅，做事虎頭蛇尾，有始無終，停滯墮落。

九二同宮（火地晉）

山與向組合的（好現象）：

為人光明正大，貴者相資，財源廣進，成就大業之數。

山與向組合的（壞現象）：

失運恐有；母女同居，孤陰不生，主應男人壽短，久居乏嗣之象。

九三同宮（火雷噬嗑）

山與向組合的（好現象）：

木火通明之青龍入宅，主應出文人雅士，富貴齊揚，榮登科甲。

山與向組合的（壞現象）：

失運恐有；家中有聰明之人，但待人稍嫌刻薄，易有官非刑訟。

九四同宮（火風鼎）

山與向組合的（好現象）：

木火相生，婦女當家掌權，樂善好施之家，氣運亨通，子孫智勇富貴。

山與向組合的（壞現象）：

失運恐有；孤陰不生，易招忌而生嫌隙，子孫稀少，家多爭鬧。

九五同宮

山與向組合的（好現象）：

人丁興盛，主貴。

山與向組合的（壞現象）：

失運恐有；吸毒、吐血、火災、官非、狂癲、眼疾等症。

九六同宮（火天大有）

山與向組合的（好現象）：

天生領導能力強，明辨是非，財丁雙美，起居安康。

山與向組合的（壞現象）：

失運恐有；火來剋金，先傷丈夫後傷中女，主應官非、眼疾、懼內、乏嗣。

九七同宮（火澤暌）

山與向組合的（好現象）：

逢當旺之運，則妯娌友好，出美貌女子，旺財帛。

山與向組合的（壞現象）：

失運恐有；二女同居，其志不同行，合夥必敗，傷幼婦與少女，男人壽短，家道中落，日漸衰微。

九八同宮（火山旅）

山與向組合的（好現象）：

當旺之運，主應財丁兩旺，並主科甲名利。

山與向組合的（壞現象）：

失運恐有；火炎土燥，婦女性烈，損傷小兒。亦主生活潦倒不堪，親人無助，孤獨無依。

九九同宮（離為火）

山與向組合的（好現象）：

此卦為天官賜福之大吉數，主應易逢貴人得助，事業有成，財帛豐裕。

山與向組合的（壞現象）：

失運恐有；火炎熾熱，純陰之卦，婦人掌權當家作主，男人壽短夭亡。易有官非、血光、頭疾、心疾之應。

當排出盤局之後，則山星與向星有出現以下的組合，就需要特別留意，若不是在這些組合之數，一般為不吉不凶之應（運星不考慮）。

【12】、【14】、【15】、【18】、【19】、【23】、【25】、【27】、【36】、【37】、【45】、【46】、【47】、【48】、【55】、【67】、【69】、【79】、【95】。

一二同宮

山與向組合的（好現象）：

有馬到成功之意，主應婚姻幸福美滿，宏業日蒸，功名顯彰，起居安逸。

山與向組合的（壞現象）：

失運恐有；坤土剋坎水，主傷中男，應注意消化器官及腎臟系統疾病。

【開運及化解方法】六個銅錢，也可掛小羅盤來鎮宅制煞。

用金洩土氣，又能使土生金、金生水之意。

銅錢屬金性，六個銅錢是六乾金符合卦象。

一四同宮

山與向組合的（好現象）：

水木相生，時來運轉，田產廣豐之大吉數。適合在此辦公，利文書契約，可安放書桌或安床睡覺，子孫賢孝，登科名利。

山與向組合的（壞現象）：

若於衰退之運，主出入放蕩，爛桃花之應，逢七赤金，須防肺、腎等呼吸系統與泌尿系統方面之疾。

【開運及化解方法】六個銅錢，也可掛小羅盤來鎮宅制煞。

此處為文昌位，可擺放文昌筆或文昌塔來增加貴人運。

一五同宮：

山與向組合的（好現象）：

當旺之運，主出文魁榜首，多生聰明智慧男子。

山與向組合的（壞現象）：

土剋水之象；視五黃災病星而定，注意耳疾、婦女病、貧血、子宮之症。須防次子會有不利之事，在疾患方面為腎虛耳鳴、浮腫、中毒、胃出血、婦科之症。

【開運及化解方法】四支毛筆（或四支觀音竹）與銅葫蘆。

用四綠巽木，來洩一坎水之氣。

用銅葫蘆或銅鈴（屬金性），來洩五黃土災病之氣。

一八同宮：

山與向組合的（好現象）：

發文才之士，利開礦或水利工程等艱苦事業。

山與向組合的（壞現象）：

有吉利之象，因八白為財星，主喜慶得利之事，唯逢元運零神到方，再逢死煞洩氣，則只以平吉論，如一白入震木之宮為水來生木，主得子旺丁，但流年逢八白來會，則又成土來剋水，恩星受制，中男有災。

【開運及化解方法】掛銅鈴，也可掛小羅盤來鎮宅制煞。

用銅葫蘆或銅鈴（屬金性），以金洩土氣，為土（八白土）生金之意，又能促進金生水來增益。

一九同宮：

山與向組合的（好現象）：

後天合十，主旺丁財，陰陽正配，富貴雙全，諸事亨通，名聲遠播。

山與向組合的（壞現象）：

水剋火之象；主水火不容，一九合十主吉又稱文筆，陰陽合和正配多生男，否極泰來，唯終因水火不容，總有傷損。喜慶中有爭端（善變）、小產、皮膚病、眼疾、心症，為吉中帶凶之象。失運之際要防心、目之疾，或神智不清與敗血之症。

【開運及化解方法】四支毛筆（或四支觀音竹）。

先天河圖四九數，穩定金局生成之數，為金生水、水生木之象。

二三同宮

山與向組合的（好現象）：

宜守不宜躁進之數，以靜養正氣，方能得利。

山與向組合的（壞現象）：

木剋土之象；為鬥牛煞，主傷老母，官非訟詞，口角是非，意志薄弱，財散敗家之應。

【開運及化解方法】掛銅鈴置紅色飾品，也可掛小羅盤來鎮宅制煞。

用銅葫蘆或銅鈴（屬金性），為洩二黑土病符星（為土生金）。紅色飾物係火洩木氣（為木生火之象）。

二五同宮

山與向組合的（好現象）：

旺人丁，發田產，出法官，利武貴，大利醫家、藥房或殯儀業。

山與向組合的（壞現象）：

死亡，疾病，諸事不遂；二五出寡婦，五二出鰥夫。

又二為陰卦，五為五鬼，若形巒不利，形成「陽和掩蔽」陰氣沉沉，加之室中氣氛黑暗陰寒，則宅中人多陰病，且易見鬼魅。唯二黑為富星，逢旺運進財，但仍忌安床、設灶等事。

【開運及化解方法】銅鈴或銅葫蘆、銅象，也可掛小羅盤來鎮宅制煞。

銅葫蘆為金性，以金屬洩土氣（為土生金之象），象為重型哺乳動物，象徵著重型金屬飾品來洩重土。

二七同宮

山與向組合的（好現象）：

土金相生，巨門入宅，貴人多助，事業有成。下元七運之旺星，有橫財、多生女、出醫師、法官。

山與向組合的（壞現象）：

孤陰相配，為不正桃花。土生金旺，金赤為先天之火，故應火災，血熱之症。婦人當家，傷夫剋子，久居不利。

【開運及化解方法】盡量不要擺尖銳物品或紅色物品。

因為尖銳物品數屬火，紅色物品也屬火，見到此物更容易引發火災。

三六同宮：

山與向組合的（好現象）：

運勢順遂之大吉數，無往不利，謀事有成，大發利市。

山與向組合的（壞現象）：

乾金剋震木，必傷長子或長孫，丈夫及長婦。主應災厄連連，多有傷痛、病耗。

【開運及化解方法】黑色或藍色飾品（如地毯）。

黑色、藍色屬水性，以水來洩金氣（為金生水之象），方能通關流暢。

三七同宮

山與向組合的（好現象）：

當旺之運，利於服務性行業。

山與向組合的（壞現象）：

失運恐有；金木交戰，定主傷長子、長孫。卦意主事業難成，家庭失和，有守寡或為僧尼之應，此方萬不可開門設窗。

【開運及化解方法】黑色或藍色飾品（如地毯）。

黑色、藍色屬水性，以水來洩金氣（為金生水之象），方能通關流暢。

四五同宮

山與向組合的（好現象）：

出文章名士，女強人。

山與向組合的（壞現象）：

木剋土之象；碧（三震木）綠（四巽木）風魔，它處廉貞（五黃災病星）莫見。視五黃災病星而定（肺病、乳癌、胃潰瘍）。木剋土之凶象，胃脾不適、關節炎、婦女乳癌等症。

【開運及化解方法】銅鈴或銅葫蘆、銅象，也可掛小羅盤來鎮宅制煞。銅葫蘆或銅鈴均屬金性，以金洩五黃土之氣（為土生金之意）。

四六同宮

山與向組合的（好現象）：

當旺之運，主應名利雙收，步步高升，競爭中得財。

山與向組合的（壞現象）：

乾金剋巽木，定傷長女或長婦，財丁兩敗，官非訴訟。一生居無定所，飄泊潦倒，宜修身養性，方能得安。

【開運及化解方法】黑色或藍色飾品（如地毯）。

黑色、藍色屬水性，以水來洩金氣（為金生水之象），方能通關流暢。

四七同宮

山與向組合的（好現象）：

凡事量力而為，勿貪大棄小，則仍有所成。

山與向組合的（壞現象）：

失運恐有；金木交戰，婦女必傷，陰盛陽衰，男人運衰。主應意志薄弱，缺乏膽識，難成大業。

【開運及化解方法】黑色或藍色飾品（如地毯）。

黑色、藍色屬水性，以水來洩金氣（為金生水之象），方能通關流暢。

四八同宮（風山漸）

山與向組合的（好現象）：

樹木生長繁榮茂盛，主應家庭和諧，同心同德，添丁進財。

山與向組合的（壞現象）：

失運恐有；木來剋土，主應不利小房，長婦墮胎，人口不存，官司頻仍。

書云：「八會四而小口殞生。」故此方位住小兒，易有不幸事故，對孕婦亦不利，又主鼻病、上肢神經痛。

【開運及化解方法】銅鈴或銅葫蘆、銅象，也可掛小羅盤來鎮宅制煞。銅葫蘆或銅鈴均屬金性，以金洩五黃土之氣（為土生金之意）。

五五同宮

山與向組合的（好現象）：

五運當旺，主應大富大貴，多子孫，出各行業之領導人物。

山與向組合的（壞現象）：

五（五黃土為凶煞）主孕婦受災。正煞為五黃，不拘臨方到間（無論流年小運，當疾病叢生），人口常損。主兩重疊災病星不吉（注意脾胃病、毒瘤、人口常損、刑獄）。故所犯之方位宜靜不宜動，此方並忌動土、修造、改建。慎防急性病症、重症、意外、損傷人口、眼疾、胃病、癌症或家運衰退，敗財損丁。

【開運及化解方法】銅鈴或銅葫蘆、銅象，也可掛小羅盤來鎮宅制煞。銅葫蘆或銅鈴均屬金性，以金洩五黃土之氣（為土生金之意）。

六七同宮

山與向組合的（好現象）：

二金比和，主應掌權得勢，居官食祿。宜軍警等武職或代理商行業，此方亦宜做為出納、會計之用。

山與向組合的（壞現象）：

失運恐有；犯交劍煞，多劫掠、鬥爭，為老父配少女，主有重婚或納妾之象。

【開運及化解方法】置黑醋或肥皂水。

金屬物質本性易溶於酸鹼溶液中，將黑醋（酸性）或肥皂水（鹼性），置入瓶中以化解金。

六九同宮

山與向組合的（好現象）：

天火相同故曰同人，同人者，與人親也，表示廣結善緣，合夥得利，貴人多助之數。

山與向組合的（壞現象）：

失運恐有；火來剋金，中女剋老父，故男懼內，血光之災，多奔波勞苦，中女產厄，不利長房與子孫。

【開運及化解方法】方形瓷器，土多之盆景或黃色之物品。

以土洩火氣（為火生土、土生金之意）。

七九同宮

山與向組合的（好現象）：

有信心、耐力、毅力，能成就大業、揚名之吉數。

山與向組合的（壞現象）：

失運恐有：二女同居火剋金，其心難同，先傷幼婦後傷男，家道不安，慎防火災與官非。此方若見紅色或尖形、三角形物體或建物沖射或犯煞，必應火災。故忌於此方開門，設爐灶，動土，修建。其制化之法，如置水，或將門窗緊閉等。

【開運及化解方法】方形瓷器，土多之盆景或黃色之物品。

以土洩火氣（為火生土、土生金之意）。

九五同宮：

山與向組合的（好現象）：

九五組合有成事不足，敗事有餘之應。

山與向組合的（壞現象）：

火生土之象；為吉凶各半之象，當令逢吉星來會，則有意外喜慶之事，唯須防不測之變，如是則「火見土而出愚鈍頑夫」。故主生出之子弟智商不高。失運逢客星二黑時七赤來會，主胃疾、血疾、中毒、眼病。如青光眼、白內障。若外巒頭有形煞，則九離屬目，五黃屬土，目中有土則有眼病，書云：「離位傷殘而目瞎也。」即指此而言。

【開運及化解方法】銅鈴或銅葫蘆、銅象，也可掛小羅盤來鎮宅制煞。

以金洩土氣（為土生金之意）。

第四章

玄空屋宅各樓層吉凶現象簡述

現代的大樓，於玄空理氣而言，各家之私門作主，以諸家往來之路為用，一家各立一太極。而判各家之吉凶，是以河圖之數來推算層數，河圖數以「一、六層」為水，「二、七層」為火，「三、八層」為木，「四、九層」為金，「五、十層」為土，再以河圖數之五行與坐山論生旺休囚剋煞。

第一節 房子的坐向與樓層對應論吉凶

如果是坐坎（北）向離（南）：坐山五行為「水」。

居住在第一、六、十一、十六、二十一、二十六層，為水見水，主出入遊蕩、不聚財。

居住在第二、七、十二、十七、二十二、二十七層，屬水火既濟，財略旺，而人丁不旺。

居住在第三、八、十三、十八、二十三、二十八層，屬水木相生，主人財兩旺，出秀才、生貴子。

居住在第四、九、十四、十九、二十四、二十九層，乃金生水，外益內，主先生女後生男，發財悠久。

居住在第五、十、十五、二十、二十五層，土來剋水，財丁兩缺之象。

如果是坐坤（西南）向艮（東北）：坐山五行為「土」。

居住在第一、六、十一、十六、二十一、二十六層，土來剋水，居住之人有浮腫之象，人丁不旺。

居住在第二、七、十二、十七、二十二、二十七層，屬火屋生坐山，主人財俱旺，初代興，但不久遠。

居住在第三、八、十三、十八、二十三、二十八層，屬木屋剋坐山，主丁財不聚，久居敗絕。
居住在第四、九、十四、十九、二十四、二十九層，金屋受坐山之生，主人財兩旺，壽貴崇高。
居住在第五、十、十五、二十、二十五層，土土比和，主生富貴之子，人丁大興，福祿久遠。

如果是坐震（東）向兌（西）：坐山五行為「木」。

居住在第一、六、十一、十六、二十一、二十六層，乃樓層生坐山，故丁財雖有，但須防不長久。
居住在第二、七、十二、十七、二十二、二十七層，為木生火，坐山洩氣，丁財旺盛亦發貴秀，但不久遠，子孫漸稀。
居住在第三、八、十三、十八、二十三、二十八層，木木比和，於元運生旺時，人財大盛，發文貴，若逢元運衰死，則財運漸衰。
居住在第四、九、十四、十九、二十四、二十九層，屬金剋木，為外制內，主人丁不旺，若財運佳，則主生敗絕之子。
居住在第五、十、十五、二十、二十五層，屬木剋土，主財運佳，人丁不旺。

如果是坐巽（東南）向乾（西北）：坐山五行為「木」。

居住在第一、六、十一、十六、二十一、二十六層，乃樓層生坐山，故丁財雖有，但須防不長久。
居住在第二、七、十二、十七、二十二、二十七層，為木生火，坐山洩氣，丁財旺盛亦發貴秀，但不久遠，子孫漸稀。

居住在第三、八、十三、十八、二十三、二十八層，木木比和，於元運生旺時，人財大盛，發文貴，若逢元運衰死，則財運漸衰。

居住在第四、九、十四、十九、二十四、二十九層，屬金剋木，為外制內，主人丁不旺，若財運佳，則主生敗絕之子。

居住在第五、十、十五、二十、二十五層，屬木剋土，主財運佳，人丁不旺。

如果是坐乾（西北）向巽（東南）：坐山五行為「金」。

居住在第一、六、十一、十六、二十一、二十六層，金水相生，生女秀麗慧黠，男子則不免淫蕩。

居住在第二、七、十二、十七、二十二、二十七層，屬火剋金，為外制內，須防肺癆相傳，生敗絕之子。

居住在第三、八、十三、十八、二十三、二十八層，木受坐山之剋，財雖有但是人丁不旺，主有筋骨疼痛之疾。

居住在第四、九、十四、十九、二十四、二十九層，金金比和，主人丁旺而女人強勢，宜開門路做大院，以洩其氣，則男兒富貴雙美。

居住在第五、十、十五、二十、二十五層，屬土生金，外益內，主財丁兩旺，秀麗發貴。

如果是坐兌（西）向震（東）：坐山五行為「金」。

居住在第一、六、十一、十六、二十一、二十六層，金水相生，生女秀麗慧黠，男子則不免淫蕩。

居住在第二、七、十二、十七、二十二、二十七層，屬火剋金，為外制內，須防肺癆相傳，生敗絕之子。

居住在第三、八、十三、十八、二十三、二十八層，木受坐山之剋，財雖有但是人丁不旺，主有筋骨疼痛之疾。

居住在第四、九、十四、十九、二十四、二十九層，金金比和，主人丁旺而女人強勢，宜開門路作大院，以洩其氣，則男兒富貴雙美。

居住在第五、十、十五、二十、二十五層，屬土生金，外益內，主財丁兩旺，秀麗發貴。

如果是坐艮（東北）向坤（西南）：坐山五行為「土」。

居住在第一、六、十一、十六、二十一、二十六層，土來剋水，居住之人有浮腫之象，人丁不旺。

居住在第二、七、十二、十七、二十二、二十七層，屬火屋生坐山，主人財俱旺，初代興，但不久遠。

居住在第三、八、十三、十八、二十三、二十八層，屬木屋剋坐山，主丁財不聚，久居敗絕。

居住在第四、九、十四、十九、二十四、二十九層，金屋受坐山之生，主人財兩旺，壽貴崇高。

居住在第五、十、十五、二十、二十五層，土土比和，主生富貴之子，人丁大興，福祿久遠。

如果是坐離（南）向坎（北）：坐山五行為「火」。

居住在第一、六、十一、十六、二十一、二十六層，屬水剋火，主人財不旺，更須防水厄，有失明之慮。

居住在第二、七、十二、十七、二十二、二十七層，因火見火，性烈暴躁，有出孤寡之可能，且財亦不旺，更須防有回祿之災。

居住在第三、八、十三、十八、二十三、二十八層，屬木生火，為外益內，主人丁興旺，但恐不久遠。

居住在第四、九、十四、十九、二十四、二十九層，金逢火剋，為內剋外，財雖有但人丁不旺。

居住在第五、十、十五、二十、二十五層，土受火生，坐山生樓層，主先富後貧，故步自封，人丁不旺。

PS：如果您所居住的房宅坐向與樓層是相生的那恭喜您！若是相剋的也不用緊張，可以調整您的臥床方位或改變床罩及床單的喜用色或掛一幅富貴牡丹圖，就可以化解一切凶象OK！

第二節 本命卦與房子樓層對應論吉凶

要論「三元玄空」堪輿學，一定要知道宅主的「本命卦」。古人有云：「人命不易知，從卦以演之」。是故同一間陽宅，人命歲次各有喜忌，而產生好壞的差異，合者福祿自來，不合者橫生災禍。

男女命卦速求表：年份須以【立春】交界為論

西元	年次	男生命卦	女生命卦
1931	20	六乾	九離
1932	21	二坤	一坎
1933	22	四巽	二坤
1934	23	三震	三震
1935	24	二坤	四巽
1936	25	一坎	八艮
1937	26	九離	六乾
1938	27	八艮	七兌
1939	28	七兌	八艮
1940	29	六乾	九離
1941	30	二坤	一坎
1942	31	四巽	二坤

西元	年次	男生命卦	女生命卦
1969	58	四巽	二坤
1970	59	三震	三震
1971	60	二坤	四巽
1972	61	一坎	八艮
1973	62	九離	六乾
1974	63	八艮	七兌
1975	64	七兌	八艮
1976	65	六乾	九離
1977	66	二坤	一坎
1978	67	四巽	二坤
1979	68	三震	三震
1980	69	二坤	四巽

西元	年次	男生命卦	女生命卦
2007	96	二坤	四巽
2008	97	一坎	八艮
2009	98	九離	六乾
2010	99	八艮	七兌
2011	100	七兌	八艮
2012	101	六乾	九離
2013	102	二坤	一坎
2014	103	四巽	二坤
2015	104	三震	三震
2016	105	二坤	四巽
2017	106	一坎	八艮
2018	107	九離	六乾

1943	32	三震	三震
1944	33	二坤	四巽
1945	34	一坎	八艮
1946	35	九離	六乾
1947	36	八艮	七兌
1948	37	七兌	八艮
1949	38	六乾	九離
1950	39	二坤	一坎
1951	40	四巽	二坤
1952	41	三震	三震
1953	42	二坤	四巽
1954	43	一坎	八艮
1955	44	九離	六乾
1956	45	八艮	七兌
1957	46	七兌	八艮
1958	47	六乾	九離
1959	48	二坤	一坎
1960	49	四巽	二坤
1961	50	三震	三震
1962	51	二坤	四巽
1963	52	一坎	八艮
1964	53	九離	六乾
1965	54	八艮	七兌
1966	55	七兌	八艮
1967	56	六乾	九離
1968	57	二坤	一坎
1981	70	一坎	八艮
1982	71	九離	六乾
1983	72	八艮	七兌
1984	73	七兌	八艮
1985	74	六乾	九離
1986	75	二坤	一坎
1987	76	四巽	二坤
1988	77	三震	三震
1989	78	二坤	四巽
1990	79	一坎	八艮
1991	80	九離	六乾
1992	81	八艮	七兌
1993	82	七兌	八艮
1994	83	六乾	九離
1995	84	二坤	一坎
1996	85	四巽	二坤
1997	86	三震	三震
1998	87	二坤	四巽
1999	88	一坎	八艮
2000	89	九離	六乾
2001	90	八艮	七兌
2002	91	七兌	八艮
2003	92	六乾	九離
2004	93	二坤	一坎
2005	94	四巽	二坤
2006	95	三震	三震
2019	108	八艮	七兌
2020	109	七兌	八艮
2021	110	六乾	九離
2022	111	二坤	一坎
2023	112	四巽	二坤
2024	113	三震	三震
2025	114	二坤	四巽
2026	115	一坎	八艮
2027	116	九離	六乾
2028	117	八艮	七兌
2029	118	七兌	八艮
2030	119	六乾	九離
2031	120	二坤	一坎
2032	121	四巽	二坤
2033	122	三震	三震
2034	123	二坤	四巽
2035	124	一坎	八艮
2036	125	九離	六乾
2037	126	八艮	七兌
2038	127	七兌	八艮
2039	128	六乾	九離
2040	129	二坤	一坎
2041	130	四巽	二坤
2042	131	三震	三震
2043	132	二坤	四巽
2044	133	一坎	八艮

因【某某某】本命卦屬「坎」命，一白水。

如住在第一、六、十一、十六、二十一、二十六層，為水見水，主吉。

如住在第二、七、十二、十七、二十二、二十七層，屬水火既濟，我剋主旺財。

如住在第三、八、十三、十八、二十三、二十八層，屬水木相生，我生為洩氣，平安之局，不宜大用。

如住在第四、九、十四、十九、二十四、二十九層，乃金生水，外益內，發財悠久，主吉。

如住在第五、十、十五、二十、二十五層，土來剋水，為剋我，主凶。

因【某某某】本命卦屬「坤」命，二黑土。

如住在第一、六、十一、十六、二十一、二十六層，為我剋，我剋主旺財。

如住在第二、七、十二、十七、二十二、二十七層，火生土，生我主大吉大利。

如住在第三、八、十三、十八、二十三、二十八層，木剋土，剋我為凶。

如住在第四、九、十四、十九、二十四、二十九層，土金相生，我生為洩氣，平安之局，不宜大用。

如住在第五、十、十五、二十、二十五層，同我同氣比和，用之為吉。

因【某某某】本命卦屬「震」命，三碧木。

如住在第一、六、十一、十六、二十一、二十六層，生我為用，主吉。

如住在第二、七、十二、十七、二十二、二十七層，木火相生，我生為洩氣，平安之局，不宜大用。
如住在第三、八、十三、十八、二十三、二十八層，木木比和，主吉。
如住在第四、九、十四、十九、二十四、二十九層，金剋木，剋我為凶。
如住在第五、十、十五、二十、二十五層，木剋土，為我剋，我剋主旺財。

因【某某某】本命卦屬「巽」命，四綠木。

如住在第一、六、十一、十六、二十一、二十六層，生我為用，主吉。
如住在第二、七、十二、十七、二十二、二十七層，木火相生，我生為洩氣，平安之局，不宜大用。
如住在第三、八、十三、十八、二十三、二十八層，木木比和，主吉。
如住在第四、九、十四、十九、二十四、二十九層，金剋木，剋我為凶。
如住在第五、十、十五、二十、二十五層，木剋土，為我剋，我剋主旺財。

因【某某某】本命卦屬「乾」命，六白金。

如住在第一、六、十一、十六、二十一、二十六層，金生水，我生為洩氣，平安之局，不宜大用。
如住在第二、七、十二、十七、二十二、二十七層，火剋金，剋我為凶。
如住在第三、八、十三、十八、二十三、二十八層，我剋為財，主旺財。
如住在第四、九、十四、十九、二十四、二十九層，金金比和，同氣用之為吉。

如住在第五、十、十五、二十、二十五層，土生金，生我主吉。

因【某某某】本命卦屬「兌」命，七赤金。

如住在第一、六、十一、十六、二十一、二十六層，金生水，我生為洩氣，平安之局，不宜大用。

如住在第二、七、十二、十七、二十二、二十七層，火剋金，剋我為凶。

如住在第三、八、十三、十八、二十三、二十八層，我剋為財，主旺財。

如住在第四、九、十四、十九、二十四、二十九層，金金比和，同氣用之為吉。

如住在第五、十、十五、二十、二十五層，土生金，生我主吉。

因【某某某】本命卦屬「艮」命，八白土。

如住在第一、六、十一、十六、二十一、二十六層，為我剋，我剋主旺財。

如住在第二、七、十二、十七、二十二、二十七層，火生土，生我主大吉大利。

如住在第三、八、十三、十八、二十三、二十八層，木剋土，剋我為凶。

如住在第四、九、十四、十九、二十四、二十九層，土金相生，我生為洩氣，平安之局，不宜大用。

如住在第五、十、十五、二十、二十五層，同我同氣比和，用之為吉。

因【某某某】本命卦屬「離」命，九紫火。

如住在第一、六、十一、十六、二十一、二十六層，水剋火，為剋我，主凶。

如住在第二、七、十二、十七、二十二、二十七層，火火比和同氣，用之為吉。

如住在第三、八、十三、十八、二十三、二十八層，木生火，生我為用，主吉。

如住在第四、九、十四、十九、二十四、二十九層，火剋金，我剋為財，主旺財。

如住在第五、十、十五、二十、二十五層，火生土，我生為洩氣，平安之局，不宜大用。

PS：如果有機會購屋或搬家時，可以參考以上論述，若您所居住的樓層對您是有利的那恭喜您！如果是不利的也不用緊張，可以調整您的臥床方位或改變床罩及床單的喜用色，或在臥房的三合方貼上三合生肖圖，就可以化解一切凶象OK！

第五章

玄空屋宅二十四山立向剋應

坎、艮、震、巽、離、坤、兑、乾，八卦方位合計為三百六十度，每卦各佔四十五度，每卦分為三山，每山各佔十五度。再將每山分成五格（即所謂的「分金」），每格各佔三度，線入兩旁之分金時，即為兼向。

經診斷房子的坐山為坐＿＿向＿＿，而角度為＿＿度。

如果恰巧是符合【騎線】、【兼線】、【坐雙山】的三種度數方位，在學理上是代表不佳的坐向。

第一節 【騎線】、【兼線】、【坐雙山】宅向之影響

【騎線】

卦位與卦位的交界線，稱之為「大空亡」線，住宅立此大空亡線，定主家中易鬧鬼，財丁難雙全，家中人員相處不和睦，絕子絕嗣，怪病叢生，怪事連連。二十四山與二十四山的交界線，稱之為「小空亡」線，住宅立此小空亡線，雖然不至於有大空亡線如此嚴重的現象，但還是主進退不安，錢財難聚，家中不寧。

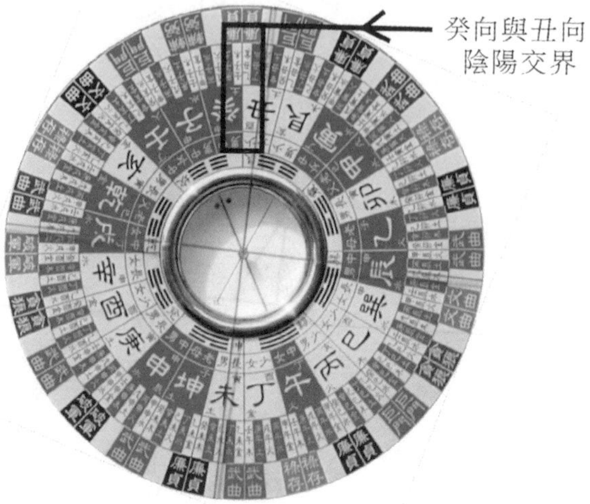

【七・五度】	【二二・五度】	【三七・五度】	【五二・五度】
【六七・五度】	【八二・五度】	【九七・五度】	【一一二・五度】
【一二七・五度】	【一四二・五度】	【一五七・五度】	【一七二・五度】
【一八七・五度】	【二〇二・五度】	【二一七・五度】	【二三二・五度】
【二四七・五度】	【二六二・五度】	【二七七・五度】	【二九二・五度】
【三〇七・五度】	【三二二・五度】	【三三七・五度】	【三五二・五度】

【兼線】

兼線與騎線不同之處，即線入一山中，五個分金之最外兩側分金，故於測量陰陽二宅時，得兼線的可能性遠較騎線大。（以下角度以坐為基準）

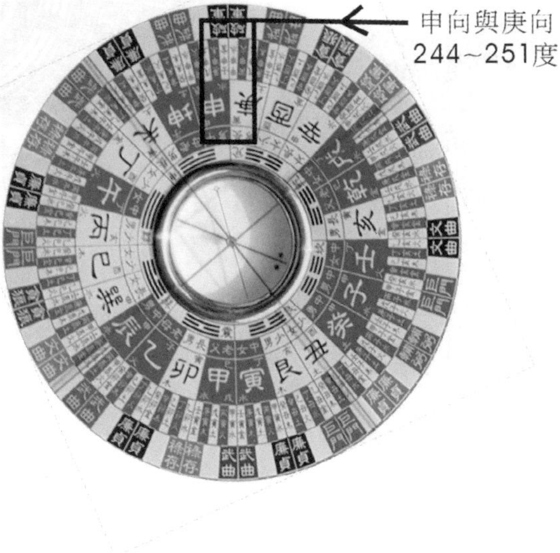

度數	坐山	現象
【19~26】	【癸兼丑】	南針凶線居然有，若逢此度須縮手。
【64~71】	【寅兼甲】	南針凶線雙雙夾，若逢此度皆當劫。
【109~116】	【乙兼辰】	南針凶線不利人，若逢此度當記真。
【154~161】	【巳兼丙】	南針凶線多作梗，若逢此度宜三省。
【199~206】	【丁兼未】	南針凶線無可諱，若逢此度最可畏。
【244~251】	【申兼庚】	南針凶線此中橫，若逢此度總憂驚。
【289~296】	【辛兼戌】	南針凶線直數去，若逢此度確不吉。
【334~341】	【亥兼壬】	南針凶線未銷沉，若逢此度禍相侵。

【坐雙山】

三合中，有以天盤縫針立向，或以地盤正針立兩字之界，而美其名為「坐雙山」，天盤立向有十四向；奇縫山向，半陰半陽，靈機混亂，祥不勝殃。（以下角度以向為基準）

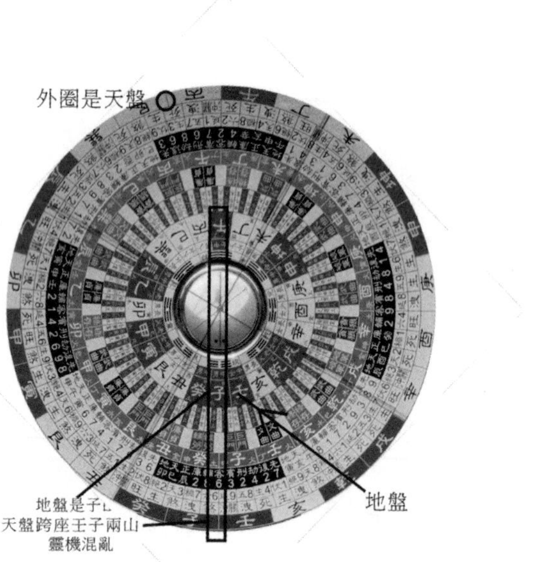

度數	地盤	剋星
【0】	(坐午向子)	金火相戰，損女丁。
【15】	(坐丁向癸)	金火相戰，損女丁。
【30】	(坐未向丑)	主刀藥亡身，多長房無嗣，妻子身體不好。
【45】	(坐坤向艮)	主吐血或獸傷，多生女，少男丁之現象。
【60】	(坐申向寅)	主吐血或獸傷，多生女，少男丁之現象。
【75】	(坐庚向甲)	坐此山恐有多鰥夫、吸毒、破產之現象。
【90】	(坐酉向卯)	坐此山恐有多鰥夫、吸毒、破產之現象。
【105】	(坐辛向乙)	坐此山恐多妻、女再嫁之現象。
【120】	(坐戌向辰)	坐此山婦女有易犯子宮癌之現象。
【135】	(坐乾向巽)	坐此山婦女有易犯子宮癌之現象。
【150】	(坐亥向巳)	坐此山恐有二女相割，主犯冷退，損女口，出乞丐。
【165】	(坐壬向丙)	陰陽駁雜，互作廉貞，寅午戌年火燒天紅，並犯吐血。
【180】	(坐子向午)	陰陽駁雜，互作廉貞，寅午戌年火燒天紅，並犯吐血。
【195】	(坐癸向丁)	丁為火，艮為土，火土相生，彼此負擔，壓力大。
【210】	(坐丑向未)	未震木，坤老母，土受木剋，多寡母，少年亡。 坤向兼未，坤多未少，男人吐血亡，女人吐血亡。
【225】	(坐艮向坤)	未震木，坤老母，土受木剋，多寡母，少年亡。 未向兼坤，未多坤少，女人吐血亡。
【240】	(坐寅向申)	申為震之八煞，故多犯人命盜案破家，夜間遭竊； 且此局多見服毒自殺，婦女瘋狂，風濕痛者。
【255】	(坐甲向庚)	為震之八煞，故多犯人命盜案破家，夜間遭竊； 且此局多見服毒自殺，婦女瘋狂，風濕痛者。
【270】	(坐卯向酉)	坐此山恐有剋妻傷子之憾。
【285】	(坐乙向辛)	坐此山恐有剋妻傷子之憾。
【300】	(坐辰向戌)	主婦人出血，暗啞；如戌上有大池，立亥向，父子各剋三、四妻，多無子嗣，淫亂，婦女子宮癌或家出賭徒。
【315】	(坐巽向乾)	坐此山恐有咳嗽，吐血等症之現象。
【330】	(坐巳向亥)	坐此山恐有咳嗽，吐血等症之現象。
【345】	(坐丙向壬)	坐此山恐有吐血、肺癆、少嗣、房份不均之象。

PS：若房子有以上三種坐向角度，最好要有制化的佈局，居住其間才能平安得利。可以在客廳面向外面明堂之牆壁，掛上一個具有磁場靈動的開運制煞羅盤來鎮宅及化煞。

第二節 二十四山山爻法——陰陽宅立向應驗表

「陰陽宅立向」是一門非常重要且艱深的學術，剛起造之時，可以很容易避開任何的形煞。只是假以時日，陰陽宅四周外在因為環境的變遷，無形之中就會造成或多或少的煞氣，也就是「明槍易躲，暗箭難防」的原因。是故「陰陽宅立向」可選用兩關吉穴向，卯正向、乙正向、巽正向、丁兼未向、坤兼申向、酉正向、辛正向、癸兼子向，共計八個面向。因為此八個面向「二十八星宿」為相生之局，如同八字本命有印與食傷護衛一般，或是擇其「巨門、武曲、貪狼、輔弼」八卦理氣純真，便能夠趨吉避凶，逢凶化吉。

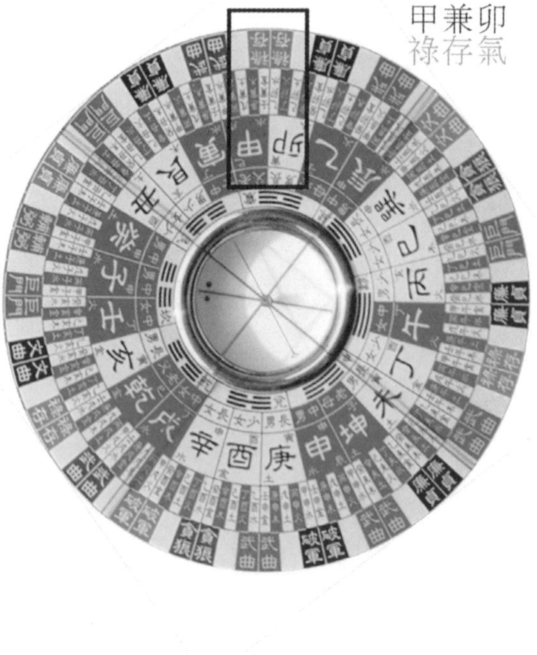

兼向	八卦理氣	卦象	應驗論斷
甲兼卯	祿存氣	大壯卦	父與長子溝通上有障礙，較不務實，易犯慢性病，店鋪生意不理想。陰宅若無明顯來路合訣者，兄弟易內鬥。
卯兼乙	廉貞氣	復卦	女子當權寵長子，易犯意外事故。又犯八煞（坤兔），異想天開或有用之才不得善終，店鋪生意不佳、無自尊、賺錢不平安。
乙兼辰	武曲氣	比卦	屬忠厚老實之家，夫婦相敬如賓。陽宅注意床位、祖先神位交氣。店鋪生意興隆，有自尊，合局為子孫賢孝之家庭。
辰兼巽	文曲氣	渙卦	藝術之家，陰陽駁雜，為多事之家庭，夫妻感情不佳，有離異之象。店鋪生意不佳、無自尊。
巽兼巳	貪狼氣	大過卦	陰陽為良性八煞（巽雞）兩女相爭，店鋪生意興隆，但有用之才不得善終，無自尊之局。
巳兼丙	巨門氣	損卦	子孫賢孝、腳踏實地、人才輩出。店鋪生意興隆、有自尊，若來氣不佳則屬慢性格局。
丙兼午	廉貞氣	旅卦	犯八煞（艮虎）之局，意外事故多，尤其對幼兒殺傷力更甚。店鋪生意衰退，奴欺主，賺錢不平安，最後落得有用之才不得善終。
午兼丁	祿存氣	革卦	女主人當家，婆媳不和；女主人操勞，男主人安樂。店鋪生意不佳，男人無自尊，易犯慢性病，屬後繼無力型之家庭。
丁兼未	武曲氣	歸妹卦	平穩忠厚老實之家，來路交氣有巽卦為妙。店鋪生意興隆，自尊心稍弱些，陽宅注意床位方向與來路氣。
未兼坤	廉貞氣	復卦	女子當權寵長子，易犯意外事故。又犯八煞（坤兔），異想天開或有用之才不得善終，店鋪生意不佳，無自尊，賺錢不平安。

坤兼申	武曲氣	比卦	屬忠厚老實之家，夫婦相敬如賓。陽宅注意床位、祖先神位交氣。店鋪生意興隆，有自尊，合局為子孫賢孝之家庭。
申兼庚	破軍氣	解卦	犯八煞黃泉（震山猴），父子兄弟不和，各行其是。店鋪生意不佳，無自尊，異想天開，有用之才不得善終。
庚兼酉	武曲氣	隨卦	屬忠厚老實之家，夫婦相敬如賓。陽宅注意床位、祖先神位交氣。店鋪生意興隆，有自尊，合局為子孫賢孝之家庭。
酉兼辛	貪狼氣	中孚卦	陰陽為良性八煞（巽雞）兩女相爭，店鋪生意興隆，但有用之才不得善終，無自尊之局。
辛兼戌	破軍氣	鼎卦	女人當家壓力大，婆媳不和，易犯慢性病。店鋪生意不佳，無自尊，有用之才不得善終。
戌兼乾	武曲氣	同人卦	犯八煞乾馬，家中無財得平安，財多煩事到（如討小老婆）。店鋪生意興隆，但自尊心較弱，有用之才不得善終。
乾兼亥	祿存氣	大壯卦	父與長子溝通上有障礙，較不務實，易犯慢性病，店鋪生意不理想。陰宅若無明顯來路合訣者，兄弟易內鬥。
亥兼壬	文曲氣	噬嗑卦	犯八煞黃泉（離豬），夫妻感情不佳，恐有離異之象。店鋪生意衰退、無自尊、異想天開，有用之才不得善終。
壬兼子	巨門氣	既濟卦	忠厚老實，家庭美滿，子孫賢孝，腳踏實地，人才輩出。店鋪生意興隆，有自尊，注意居家床位方向與來路氣。
子兼癸	輔弼氣	坎卦	犯良性八煞（坎龍），應注意來路局，若來路局壬兼子，定主子孫賢孝，腳踏實地，人才輩出。店鋪生意興隆，有自尊，注意居家床位方向與來路氣。
癸兼丑	廉貞氣	困卦	女主人有心無力，男人專權，夫妻感情不佳，易有異想天開子弟，店鋪生意不佳，無自尊。
丑兼艮	巨門氣	損卦	子孫賢孝，腳踏實地，人才輩出。店鋪生意興隆，有自尊，若來氣不佳則屬慢性格局。

艮兼寅	廉貞氣	旅卦	犯八煞（艮虎）之局，意外事故多，尤其對幼兒殺傷力更甚。店舖生意衰退，奴欺主，賺錢不平安，最後落得有用之才不得善終。
寅兼甲	武曲氣	同人卦	犯八煞乾馬，家中無財得平安，財多煩事到（如討小老婆）。店舖生意興隆，但自尊心較弱，有用之才不得善終。

第六章 玄空陽宅催旺財運開門法

《玄空秘旨》曰：「苟無生氣入門，糧艱一宿；會有旺星到穴，富積千鍾。」意即玄空注重生、旺、衰、死、殺。如一運逢一白、二運逢二黑、三運逢三碧、四運逢四綠、五運逢五黃、六運逢六白、七運逢七赤、八運逢八白、九運逢九紫，皆為當旺之運，若逢生旺之星到向（大門），就是生旺開門，財氣入宅。當令之星為旺，未來運星為生，過去之運為衰。然而，當測出門向不佳時，則可以用「景象」法之要領來改善，使屋宅氣運轉吉。

例如：下元八運「乾山巽向」

八運乾山是「到山到向」旺財丁，坐山後面要有靠山來助丁，忌放水池（風水球），很容易患頭痛，可放瓦斯爐向前面納旺氣，千萬不要開後中門納衰星氣，不吉！向上（明堂前）旺星到，可開中門，見到水池（風水球），發財很快；向上（明堂前）若有房屋一樣高，當案山更佳。

巽向

29 六 震	18 七 巽	53 三 離
64 二 艮	97 八	31 五 坤
42 四 坎	86 九 乾	75 一 兌

乾山

催旺財運開門法，以向星為標的：

1、首選向星是當旺運方位開門。

如「乾山巽向」，來選開門的位置當然是開——中——門最好。

2、次選向星是下一運之方位開門。

(1)、如「酉山卯向」，來選開門的位置當然是開——龍——門最好。

卯向或乙向

79 二 艮	34 六 震	25 七 巽
52 四 坎	16 八	61 三 離
97 九 乾	88 一 兌	43 五 坤

酉山或辛山

(2)、如「坤山艮向」，來選開門的位置當然是開——虎——門最好。

艮向或寅向

17 四 坎	85 二 艮	39 六 震
63 九 乾	52 八	41 七 巽
74 一 兌	28 五 坤	96 三 離

坤山或申山

3、用造水法來催財。

如果開門處屬旺星到向（可在大門處擺風水球或掛一幅流水圖，水往內流）。無法開到旺氣門時，可在向星是當運之方位或次旺之方位擺風水球或掛一幅流水圖，水往內流，即可達到造運催財之目的。

第一節 八運各坐山最佳選擇之開門方位

玄空開門法很單純，就是開當運門為最佳，開未來門為次佳。例如以目前為八運所以門開在向星8為最佳，如果開不到8，開9也可以，如果開不到8、9的話，就可依序選擇1、6、4、7、3、2、5。如果當運向星8在坐山的話，建議開個後門或窗戶來納氣也可。

八運 雙星到向　子山 午向

東南		南 中門		西南
	34 七	88 三 向	16 五	
東	25 六	43 八	61 一	西
	79 二	97 四 座	52 九	
東北		北		西北

八運 雙星到山　午山 子向

東南		南 後門		西南
	43 七	88 三 座	61 五	
東	52 六	34 八	16 一	西
	97 二	79 四 向	25 九	
東北		北 中門		西北

八運 雙星到向　卯山 酉向

東南		南		西南
	52 七	16 三	34 五	
東	43 六 座	61 八	88 一 向	西 中門
	97 二	25 四	79 九	
東北		北		西北

八運 雙星到山　酉山 卯向

東南		南		西南
	25 七	61 三	43 五	
東	34 六 向	16 八	88 一 座	西 後門
左門	79 二	52 四	97 九	
東北		北		西北

八運 到山到向　乾山 巽向

東南		南		西南
中門	18 七 向	53 三	31 五	
東	29 六	97 八	75 一	西
	64 二	42 四	86 九 座	
東北		北		西北

八運 到山到向　巽山 乾向

東南		南		西南
	81 七 座	35 三	13 五	
東	92 六	79 八	57 一	西
	46 二	24 四	68 九 向	中門
東北		北		西北

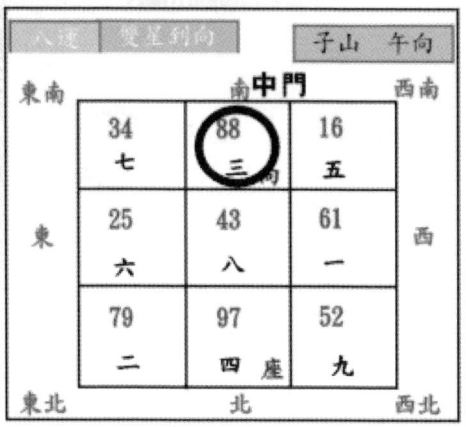

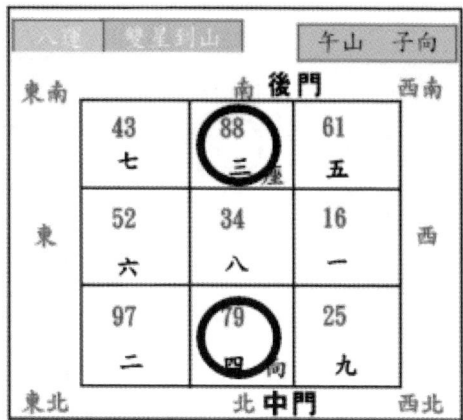

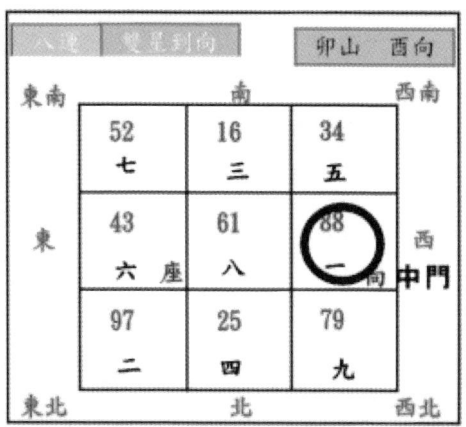

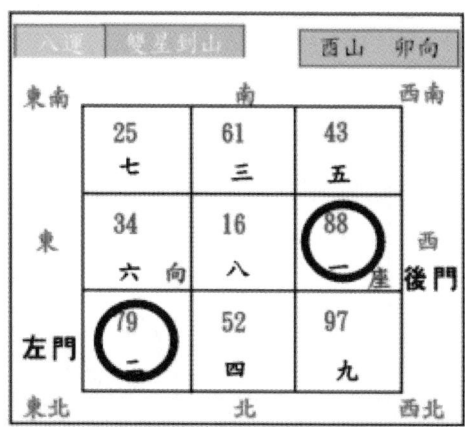

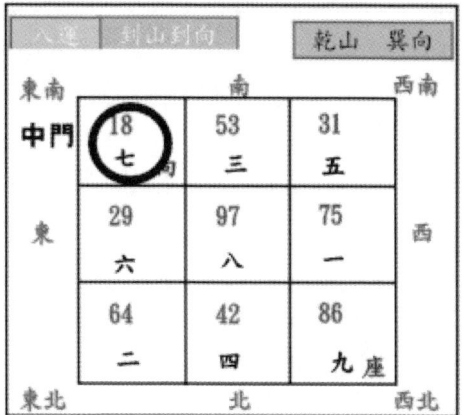

八運　上山下水　　艮山　坤向

東南		南 左門		西南
	14 七	69 三	82 五 向	
東	93 六	25 八	47 一	西
後門	58 二 座	71 四	36 九	
東北		北		西北

八運　上山下水　　坤山　艮向

東南		南		西南
	41 七	96 三	28 五 座	後門
東 右門	39 六	52 八	74 一	西
	85 二 向	17 四	63 九	
東北		北		西北

八運　上山下水　　辰山　戌向

東南		南		西南
後門	68 七 座	24 三	46 五	
東	57 六	79 八	92 一	西
	13 二	35 四	81 九 向	中門
東北		北		西北

八運　上山下水　　戌山　辰向

東南		南		西南
中門	86 七 向	42 三	64 五	
東	75 六	97 八	29 一	西
	31 二	53 四	18 九 座	後門
東北		北		西北

八運　到山到向　　丑山　未向

東南		南		西南
	36 七	71 三	58 五 向	中門
東	47 六	25 八	93 一	西
	82 二 座	69 四	14 九	
東北		北		西北

八運　到山到向　　未山　丑向

東南		南		西南
	63 七	17 三	85 五 座	
東	74 六	52 八	39 一	西
中門	28 二 向	96 四	41 九	
東北		北		西北

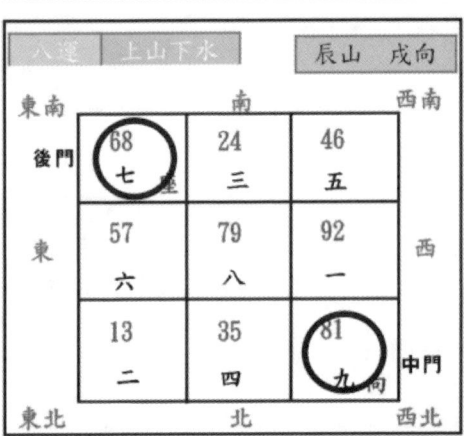

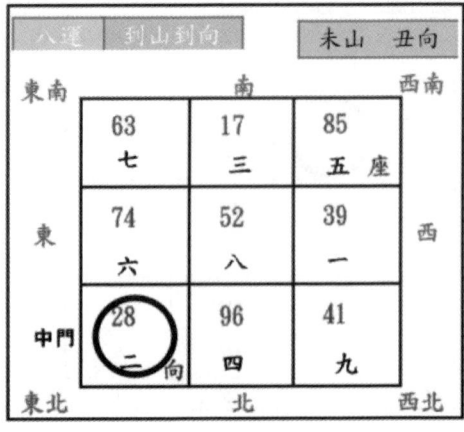

八運 雙星到山 甲山 庚向

東南		南		西南
	79 七	25 三	97 五	左門
東 後門	88 六 座	61 八	43 一 向	西
	34 二	16 四	52 九	
東北		北		西北

八運 雙星到向 庚山 甲向

東南		南		西南
	97 七	52 三	79 五	
東 中門	88 六 向	16 八	34 一 座	西
	43 二	61 四	25 九	
東北		北		西北

八運 雙星到山 壬山 丙向

東南		南		西南
	52 七	97 三 向	79 五	右門
東	61 六	43 八	25 一	西
	16 二	88 四 座	34 九	
東北		北 後門		西北

八運 雙星到向 丙山 壬向

東南		南		西南
	25 七	79 三 座	97 五	
東	16 六	34 八	52 一	西
	61 二	88 四 向	43 九	
東北		北 中門		西北

八運 雙星到向 乙山 辛向

東南		南		西南
	52 七	16 三	34 五	
東	43 六 座	61 八	88 一 向	西 中門
	97 二	25 四	79 九	
東北		北		西北

八運 雙星到山 辛山 乙向

東南		南		西南
	25 七	61 三	43 五	
東	34 六 向	16 八	88 一 座	西 後門
左門	79 二	52 四	97 九	
東北		北		西北

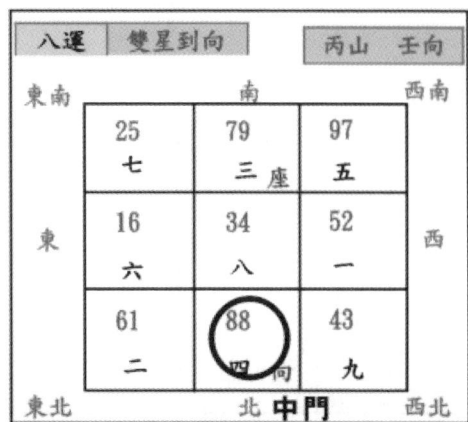

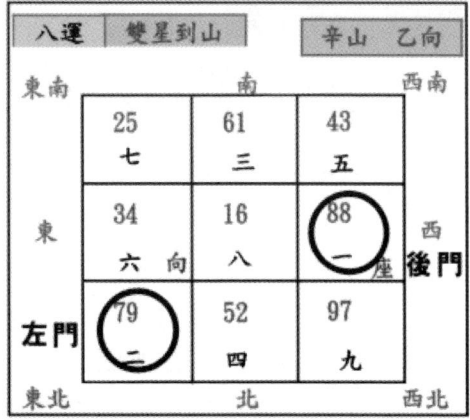

八運 雙星到山　　丁山　癸向

東南		南 後門		西南
	43 七	88 三 座	61 五	
東	52 六	34 八	16 一	西
	97 二	79 四 向	25 九	
東北		北 中門		西北

八運 雙星到向　　癸山　丁向

東南		南 中門		西南
	34 七	88 三 向	16 五	
東	25 六	43 八	61 一	西
	79 二	97 四 座	52 九	
東北		北		西北

八運 上山下水　　寅山　申向

東南		南 左門		西南
	14 七	69 三	82 五 向	
東	93 六	25 八	47 一	西
	58 二 座	71 四	36 九	
東北	後門	北		西北

八運 上山下水　　申山　寅向

東南		南	後門	西南
	41 七	96 三	28 五 座	
東 右門	39 六	52 八	74 一	西
	85 二 向	17 四	63 九	
東北		北		西北

八運 到山到向　　巳山　亥向

東南		南		西南
	81 七 座	35 三	13 五	
東	92 六	79 八	57 一	西
	46 二	24 四	68 九 向	中門
東北		北		西北

八運 到山到向　　亥山　巳向

東南		南		西南
中門	18 七 向	53 三	31 五	
東	29 六	97 八	75 一	西
	64 二	42 四	86 九 座	
東北		北		西北

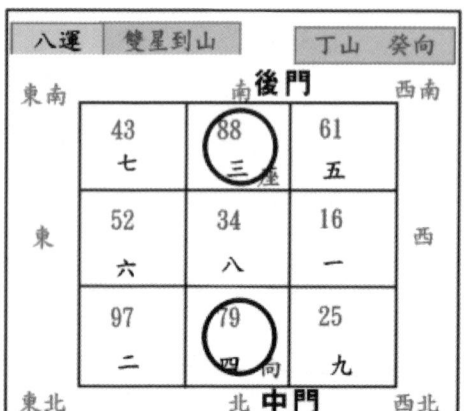

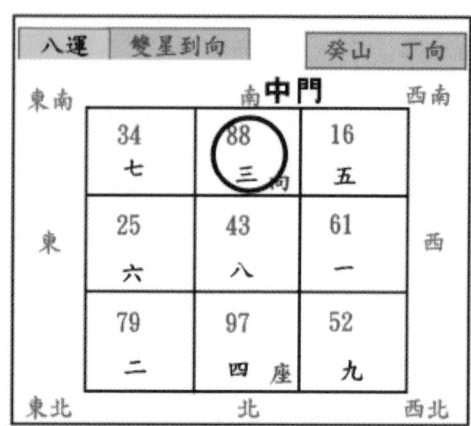

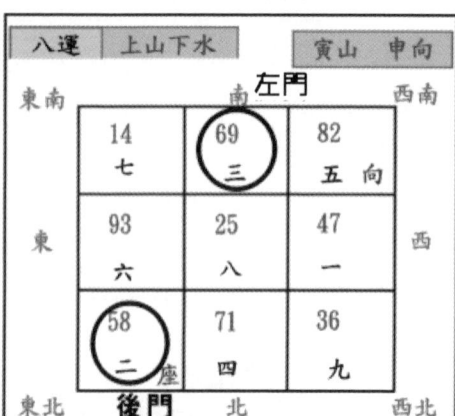

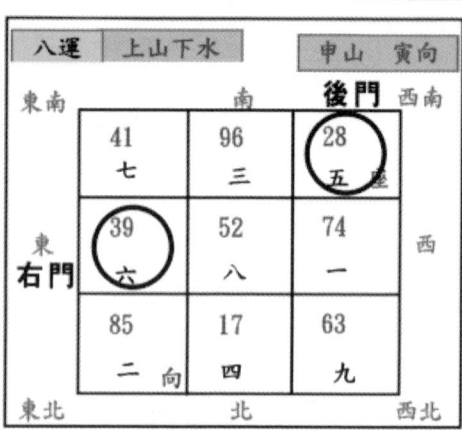

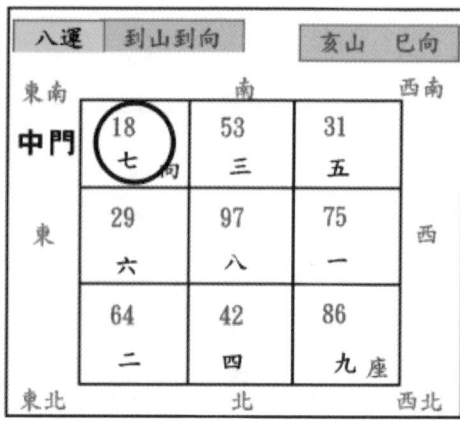

第二節 房門——開門六十四卦吉凶論法

以下所列舉的度數都是以羅盤最外圈的度數為基準，要診斷門之好壞吉凶，就將羅盤放在房間中央，直接看房門開在幾度就ok！

0～5.625　房門開立在【復】卦位，各方面運勢如下：

在身體疾病方面：

住在此房間的人，容易染患神經的症狀，若發病時多疼痛不堪。

在人與人相處中有無糾紛：

住在此房間的人，不太容易和人發生口角，若有爭執也容易化解。

開這個房門對於文昌考試運：

住在此房間的學生，考運很好，成績一步步的往上提升。

5.625～11.25　房門開立在【頤】卦位，各方面運勢如下：

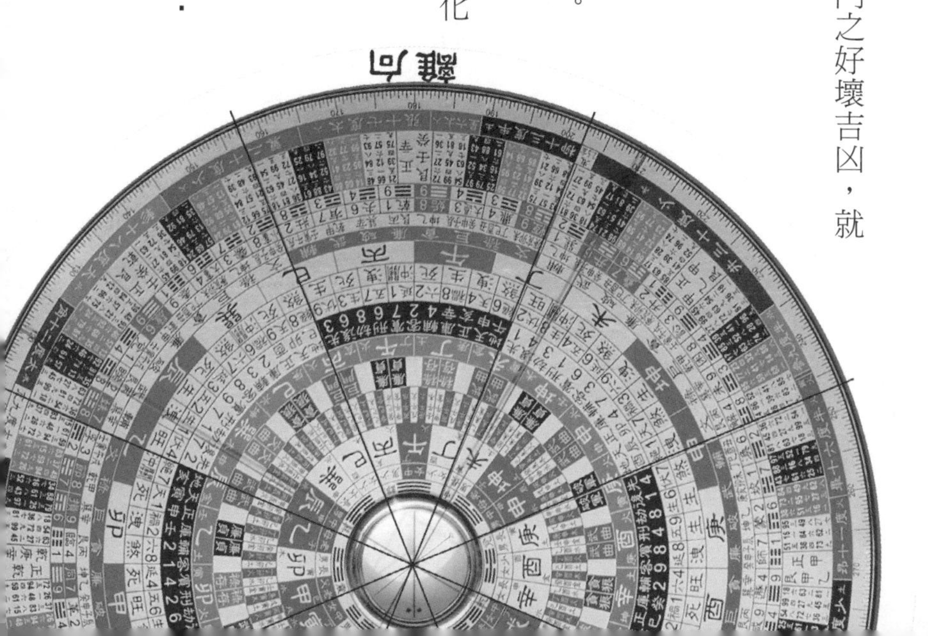

在身體疾病方面：

住在此房間的人，容易罹患腹部、腸胃方面的疾病，必須留意自己的飲食。

在人與人相處中有無糾紛：

住在此房間的人，若與他人爭執，必定會對自己產生不利的影響。

開這個房門對於文昌考試運：

住在此房間的學生，考運並不佳，所以一定要比別人更加努力用功。

11.25 ～ 16.875　房門開立在【屯】卦位，各方面運勢如下：

在身體疾病方面：

住在此房間的人，易罹患耳、鼻、心、腎臟方面的疾病，而且不太容易痊癒。

在人與人相處中有無糾紛：

住在此房間的人，必定會常常與人發生爭吵，進而造成種種的苦惱。

開這個房門對於文昌考試運：

住在此房間的學生，考運奇差無比，就算是非常的用功，也得不到好成績。

16.875 ～ 22.5　房門開立在【益】卦位，各方面運勢如下：

在身體疾病方面：

住在此房間的人，容易罹患腸胃、咽喉方面的疾病，但不會太嚴重。

在人與人相處中有無糾紛：

住在此房間的人，不易和別人發生爭吵，若有爭執也很容易平息。

開這個房門對於文昌考試運：

住在此房間的學生，考運特佳，若原來成績差的學生住進來，可很快的改變。

22.5～28.125　房門開立在【震】卦位，各方面運勢如下：

在身體疾病方面：

住在此房間的人，容易罹患腦部、頭部、精神方面的疾病。

在人與人相處中有無糾紛：

住在此房間的人，對於糾紛若採取強勢的態度，反而能獲得有利的解決。

開這個房門對於文昌考試運：

住在此房間的學生，考運尚可，但容易有患得患失的心情。

28.125～33.75　房門開立在【噬嗑】卦位，各方面運勢如下：

在身體疾病方面：

住在此房間的人，較容易染患消化、循環器官的疾病，病情易趨向嚴重。

在人與人相處中有無糾紛：

住在此房間的人，對於與人有爭論，應該採取比較強勢的態度，方能有效的化解。

開這個房門對於文昌考試運：

住在此房間的學生，易對考試心生恐懼，考運也不好，因此很難有好成績。

33.75 ～ 39.375　房門開立在【隨】卦位，各方面運勢如下：

在身體疾病方面：

住在此房間的人，容易染患消化器官方面的疾病，雖能痊癒，但治療費時。

在人與人相處中有無糾紛：

住在此房間的人，不宜和人發生爭執，容易因此而惹上官司。

開這個房門對於文昌考試運：

住在此房間的學生，考試運不錯，每每能發揮實力，名列前茅。

39.375 ～ 45　房門開立在【旡妄】卦位，各方面運勢如下：

在身體疾病方面：

住在此房間的人，容易染患氣喘病，或和呼吸器官有關的毛病。

在人與人相處中有無糾紛：

住在此房間的人，容易和人發生爭執，而且一般大多是自己理虧。

開這個房門對於文昌考試運：

住在此房間的學生，考運平平，大約可發揮七成的實力。

45～50.625　房門開立在【明夷】卦位，各方面運勢如下：

在身體疾病方面：

住在此房間的人，容易染患食道癌、精神病，而且不易痊癒。

在人與人相處中有無糾紛：

住在此房間的人，非常不宜和他人有所爭執，一旦有所爭執，倒楣的一定是自己。

開這個房門對於文昌考試運：

住在此房間的學生，成績每每在及格的邊緣，考運不好。

50.625～56.25　房門開立在【賁】卦位，各方面運勢如下：

在身體疾病方面：

住在此房間的人，易染患腺部、胸部、腹部方面的疾病。

在人與人相處中有無糾紛：

住在此房間的人，若和別人發生爭執時，結果大多對自己不利。

開這個房門對於文昌考試運：

住在此房間的學生，考運極差，做起事來事倍功半。

56.25 ～ 61.875　房門開立在【既濟】卦位，各方面運勢如下：

在身體疾病方面：

住在此房間的人，容易染患心臟及腹部方面的疾病，引起併發症的機率很高。

在人與人相處中有無糾紛：

住在此房間的人，若與人發生爭吵必須很快的和解，否則將對自己不利。

開這個房門對於文昌考試運：

住在此房間的學生，考試運不差，用功些，可名列前茅。

61.875 ～ 67.5　房門開立在【家人】卦位，各方面運勢如下：

在身體疾病方面：

住在此房間的人，所染患的疾病多屬於下腹部位，痊癒時間長。

在人與人相處中有無糾紛：

住在此房間的人，不宜與人發生爭執，對本身非常不利。

開這個房門對於文昌考試運：

住在此房間的學生，能夠發揮完全的實力而取得很好的成績。

67.5～73.125　房門開立在【豐】卦位，各方面運勢如下：

在身體疾病方面：

住在此房間的人，容易染患腸胃或神經系統方面的疾病。

在人與人相處中有無糾紛：

住在此房間的人，若與人發生爭執，很快的就會得到有利的解決。

開這個房門對於文昌考試運：

住在此房間的學生，考運很好，可發揮完全的實力，名列前茅。

73.125～78.75　房門開立在【離】卦位，各方面運勢如下：

在身體疾病方面：

住在此房間的人，易染患的疾病，大多是消化性器官的毛病。

在人與人相處中有無糾紛：

住在此房間的人，須防對爭執之事操之過急、意氣用事而生災厄。

開這個房門對於文昌考試運：

住在此房間的學生，考運不錯，記得考試時沉著、鎮定，必有佳績。

78.75 ～ 84.375　房門開立在【革】卦位，各方面運勢如下：

在身體疾病方面：

住在此房間的人，容易染患眼睛或下腹部的毛病，應該小心防範。

在人與人相處中有無糾紛：

住在此房間的人，一旦與人發生爭執時，必須保持強勢的態度，方能有利於己。

開這個房門對於文昌考試運：

住在此房間的學生，考運平平，無法特別突出或與眾不同。

84.375 ～ 90　房門開立在【同人】卦位，各方面運勢如下：

在身體疾病方面：

住在此房間的人，容易染患呼吸器官方面的疾病，對小孩特別不利。

在人與人相處中有無糾紛：

住在此房間的人，易與他人發生爭吵的情事，宜和氣生財。

開這個房門對於文昌考試運：

住在此房間的學生，成績很好，可獲得超過實力的成績。

90 ~ 95.625　房門開立在【臨】卦位，各方面運勢如下：

在身體疾病方面：

住在此房間的人，易染患的疾症為腸、胃方面的疾病。

在人與人相處中有無糾紛：

住在此房間的人，不宜和別人發生爭執、訴訟，最後必定會對自己不利。

開這個房門對於文昌考試運：

住在此房間的人，考運很好，多能考取好成績，是非常適合考試的住家。

95.625 ~ 101.25　房門開立在【損】卦位，各方面運勢如下：

在身體疾病方面：

住在此房間的人，易染患消化器官或身心衰弱的病症。

在人與人相處中有無糾紛：

住在此房間的人，一旦和別人發生爭執，會對自己產生不利的影響。

開這個房門對於文昌考試運：

住在此房間的學生，考運不穩，時好時壞，但只要文昌位得用，考運將轉好。

101.25～106.875　房門開立在【節】卦位，各方面運勢如下：

在身體疾病方面：

住在此房間的人，肺虛腎實，易染患消化器官的疾病。

在人與人相處中有無糾紛：

住在此房間的人，不宜和他人發生爭吵，宜和氣生財。

開這個房門對於文昌考試運：

住在此房間的學生，考運平平，但只要文昌位得用，考運會轉好。

106.875～112.5　房門開立在【中孚】卦位，各方面運勢如下：

在身體疾病方面：

住在此房間的人，容易罹患腎臟、腹膜炎、胃擴張等疾病。

在人與人相處中有無糾紛：

住在此房間的人，非常不利與人發生爭執，宜和氣生財。

開這個房門對於文昌考試運：

住在此房間的學生，成績很好，多加努力，定可榮登金榜。

112.5～118.125 房門開立在【歸妹】卦位，各方面運勢如下：

在身體疾病方面：

住在此房間的人，病情反覆不定，易陷於絕望之境。易患肝病、腫瘤、骨髓系統、性病、腦溢血、手腳受傷等症。

在人與人相處中有無糾紛：

住在此房間的人，比較容易與人因溝通不良而起爭執，其結果不利於己。

開這個房門對於文昌考試運：

住在此房間的學生，考運不佳，而且自身也多懶惰、好玩、不愛讀書。

118.125～123.75 房門開立在【睽】卦位，各方面運勢如下：

在身體疾病方面：

住在此房間的人，容易染患的病症多為內臟機能的障礙。

在人與人相處中有無糾紛：

住在此房間的人，最忌和他人發生爭吵訴訟，大多對自己不利。

開這個房門對於文昌考試運：

住在此房間的學生，考運差，讀書時無法專心，考試時容易煩躁不安。

123.75 ～ 129.375　房門開立在【兌】卦位，各方面運勢如下：

在身體疾病方面：

住在此房間的人，容易感染腸胃方面的病症，必須注意飲食衛生。

在人與人相處中有無糾紛：

住在此房間的人，不宜和他人發生爭執，宜和氣生財。

開這個房門對於文昌考試運：

住在此房間的學生，考運相當的好，可獲得好成績。

129.375 ～ 135　房門開立在【履】卦位，各方面運勢如下：

在身體疾病方面：

住在此房間的人，容易罹患腦部和肺部的疾病，病情容易惡化。

在人與人相處中有無糾紛：

住在此房間的人，容易和鄰居發生爭執，因而禍患臨身。

開這個房門對於文昌考試運：

住在此房間的學生，成績多不易提升，若文昌位得用，則有望改善。

135～140.625　房門開立在【泰】卦位，各方面運勢如下：

在身體疾病方面：

住在此房間的人，易染患消化器官方面的疾病。

在人與人相處中有無糾紛：

住在此房間的人，容易和周遭的人發生爭執，但可望平和化解。

開這個房門對於文昌考試運：

住在此房間的學生，考運很好，一般多能得到好的成績，但容易因意外事件而影響成績。

140.625～146.25　房門開立在【大畜】卦位，各方面運勢如下：

在身體疾病方面：

住在此房間的人，容易染患腹部或胸部方面的疾病，且容易使病情加重。

在人與人相處中有無糾紛：

住在此房間的人，若和他人發生爭執、訴訟，一般多能獲得有利的解決。

開這個房門對於文昌考試運：

住在此房間的學生，考運還算不錯，能發揮自己的實力。

146.25～151.875　房門開立在【需】卦位，各方面運勢如下：

在身體疾病方面：

住在此房間的人，易罹患腸胃及血液、循環系統方面的疾病。

在人與人相處中有無糾紛：

住在此房間的人，較不易和他人發生爭執，若有所爭吵，須盡速和解為宜。

開這個房門對於文昌考試運：

住在此房間的學生，考運極差，讀書方法不對，事倍功半。

151.875～157.5　房門開立在【小畜】卦位，各方面運勢如下：

在身體疾病方面：

住在此房間的人，容易染患慢性腸胃病及慢性的心臟病，而且不易痊癒。

在人與人相處中有無糾紛：

住在此房間的人，易與人爭執又不易平息，其結果對自己有害。

開這個房門對於文昌考試運：

住在此房間的學生，考運不佳，就算文昌位得用，也很難提升考運。

157.5 ～ 163.125　房門開立在【大壯】卦位，各方面運勢如下：

在身體疾病方面：

易染患急性肺炎、腦病等症，尤其對於平常健壯而臨時發病者更不利。

在人與人相處中有無糾紛：

對人、對事有過於不理性衝動之象，容易犯錯。慎防血光之災，被人毆打、傷害之情事。

開這個房門對於文昌考試運：

本屋對考運很有幫助，求事求職皆可順利。但是要謙沖為懷，虛懷若谷，才能明哲保身，更上一層樓。

163.125 ～ 168.75　房門開立在【大有】卦位，各方面運勢如下：

在身體疾病方面：

住在此房間的人，容易發高燒，也容易染患肺部和腹部的疾病。

在人與人相處中有無糾紛：

住在此房間的人，容易和他人發生爭執，但最後大多能和平收場。

開這個房門對於文昌考試運：

住在此房間的學生，考運很好，可獲得好成績。

168.75 ～ 174.375　房門開立在【夬】卦位，各方面運勢如下：

在身體疾病方面：

住在此房間的人，容易染患頭部、神經系統、肺臟等相關的毛病。

在人與人相處中有無糾紛：

住在此房間的人，比較容易與人因溝通不良而起爭執，其結果不利於己。

開這個房門對於文昌考試運：

住在此房間的學生，考運不佳，而且自身也多懶惰、好玩、不愛讀書。

174.375 ～ 180　房門開立在【乾】卦位，各方面運勢如下：

在身體疾病方面：

本屋對年輕人不利，易罹患頭部和胸部的毛病。此外，肺臟、大腸、皮膚過敏、呼吸道等毛病也應多加留意。

在人與人相處中有無糾紛：

住進本屋，若有訴訟事件發生時，若為被訴則有可能獲勝，若為自訴，則難有勝算。

開這個房門對於文昌考試運：

本屋對考運很有幫助，特別是對男性特別有助益，但因為不同的男女住進來，均有不同的變爻吉凶，因此還是需要考慮變爻的個別影響。

180～185.625　房門開立在【姤】卦位，各方面運勢如下：

在身體疾病方面：

常有閉門家中坐，禍從天上來的無妄之災。

在人與人相處中有無糾紛：

住在此房間的人，容易惹上桃花糾紛和性病，一旦與人發生爭執訴訟，必迫己身於不利。

開這個房門對於文昌考試運：

此屋對於青年子弟考運，毫無幫助，反而有所阻。縱然書房、桌位居東南四綠星、文昌位上，亦是無用，徒惹上官司刑訟，不可不慎。

185.625～191.25　房門開立在【大過】卦位，各方面運勢如下：

在身體疾病方面：

住在此房間的人，容易染患肺病及脊髓方面的疾病，而且病因不明。

在人與人相處中有無糾紛：

易因公務之故，與人起爭執。逢流年、流月巨門化忌易有大麻煩，若再逢會文昌或文曲化忌，得小心官司纏身。

開這個房門對於文昌考試運：

住在此房間的人，考運極差，縱然坐鎮文昌位亦是無用，雖然十分努力，頂多也只有五分的成績。

191.25～196.875　房門開立在【鼎】卦位，各方面運勢如下：

在身體疾病方面：

住在此房間的人，容易染患消化器官方面的疾病，須注意飲食衛生。

在人與人相處中有無糾紛：

住在此房間的人，較不易與人發生紛爭，即使有爭吵事件，也是對本身有利。

開這個房門對於文昌考試運：

住在此房間的同學，能發揮自身的智慧，而且有很好的考運，有事半功倍的運氣。

196.875～202.5　房門開立在【恆】卦位，各方面運勢如下：

在身體疾病方面：

住在此房間的人，容易染患糖尿病、高血壓等慢性疾病，會引來不少的麻煩。

在人與人相處中有無糾紛：

住進此居者，不可輕易和人發生爭執，否則終招傷害，特別是定爻、變爻有刑剋，傷害更大。

開這個房門對於文昌考試運：

住在此房間的學生，有不錯的考運，整體平均的成績非常的好。

202.5 ～ 208.125　房門開立在【巽】卦位，各方面運勢如下：

在身體疾病方面：

住在此房間的人，容易得風濕、性病及下腹部的疾病，而且不易痊癒。

在人與人相處中有無糾紛：

住在此房間的人，不宜和人發生爭執，萬一有爭吵時，趕緊請長輩或朋友出面代為解決為宜。

開這個房門對於文昌考試運：

住在此房間的學生，讀書時容易胡思亂想，不利正規考試，但有利於創作性的藝能、文藝技能。

208.125 ～ 213.75　房門開立在【井】卦位，各方面運勢如下：

在身體疾病方面：

住在此房間的人，容易感染泌尿器官相關的疾病，此外，身體的下半身也比較容易染病。只要定爻、變爻沒有大刑剋，就容易痊癒。

在人與人相處中有無糾紛：

住在此房間的人，非常忌諱與人爭吵、訴訟，以溫和態度或委託他人代為解決為宜。

開這個房門對於文昌考試運：

住在此房間的學生，不易在考試中有所表現，容易在進退中膠著。

213.75 ~ 219.375　房門開立在【蠱】卦位，各方面運勢如下：

在身體疾病方面：

住在此房間的人，容易罹患內臟方面的疾病，若是定爻或變爻相剋，會有惡性腫瘤產生。

在人與人相處中有無糾紛：

住在此房間的人，極容易與同事因工作上的利害而發生糾紛，並且會造成很大的後遺症。

開這個房門對於文昌考試運：

住在此房間的學生，考運極差，成績低落，而且不易專心準備功課。

219.375 ~ 225　房門開立在【升】卦位，各方面運勢如下：

在身體疾病方面：

住在此房間的人，容易罹患肝硬化、膽結石的毛病，在治療上頗為費時，但只要定爻和變爻沒有重大刑剋，則多能痊癒。

在人與人相處中有無糾紛：

住在此房間的人，若和他人發生爭執時，能幸運的獲得有利的解決。

開這個房門對於文昌考試運：

住在此房間的學生，考運很好，能發揮自己的智慧，會有佳績出現。

225 ~ 230.625　房門開立在【訟】卦位，各方面運勢如下：

在身體疾病方面：

住在此房間的人，容易多生疾病，特別對老人家與生病者更不利。

在人與人相處中有無糾紛：

住在此房間的人，容易因細故與鄰居或同事發生糾紛，對本身不利，宜和解。

開這個房門對於文昌考試運：

住在此房間的學生，考運不佳，成績極差，但有助於其他才華的發展。

230.625 ~ 236.25　房門開立在【困】卦位，各方面運勢如下：

在身體疾病方面：

住在此房間的人，容易罹患心臟或肺部方面的疾病，一旦發病，都會造成很危險的情況。

在人與人相處中有無糾紛：

住在此房間的人，常會為訴訟的事傷透腦筋，只有懇求長輩代為解決，方為上策。

開這個房門對於文昌考試運：

住在此房間的學生，考試運極差，在學習上容易產生很大的困惑。

236.25～241.875 房門開立在【未濟】卦位，各方面運勢如下：

在身體疾病方面：

住在此房間的人，容易感染血液循環系統方面的疾病，而且每每拖延時日。

在人與人相處中有無糾紛：

住在此房間的人，若與人發生爭執、訴訟均不利，所以最好和解為宜。

開這個房門對於文昌考試運：

住在此房間的學生，只要文昌位得用，一般多可以發揮實力，但若文昌位有破，則讀書事倍功半，只能發揮六成的實力。

241.875～247.5 房門開立在【解】卦位，各方面運勢如下：

在身體疾病方面：

住在此房間的人，容易感染精神官能方面的障礙，若定爻、變爻沒有重大刑剋，則能夠康復，反之，則不易痊癒。

在人與人相處中有無糾紛：

住在此房間的人，與人爭執、訴訟，大多能居於有利的地位。

開這個房門對於文昌考試運：

住在此房間的學生，考試運很好，可一掃以前低落的學習困境。

247.5 ～ 253.125　房門開立在【渙】卦位，各方面運勢如下：

在身體疾病方面：

住在此房間的人，比較容易感染血液循環系統上的毛病。此外，腎臟及膀胱也要多加保養。

在人與人相處中有無糾紛：

住在此房間的人，比較不容易和他人發生爭執，若一旦有所爭執，也能和平收場。

開這個房門對於文昌考試運：

住在此房間的學生，常能發揮實力以外的考運，而贏得佳績。

253.125 ～ 258.75　房門開立在【坎】卦位，各方面運勢如下：

在身體疾病方面：

住在此房間的人，容易染患心臟病、腹膜炎、腎臟、尿道、膀胱等病症。

在人與人相處中有無糾紛：

住在此房間的人，比較不容易與人好好相處，被認為是一個孤僻的人，也容易與人起爭執。

開這個房門對於文昌考試運：

住在此房間的學生，成績極差、考運不佳，常常遭到失敗、挫折。

258.75 ～ 264.375　房門開立在【蒙】卦位，其吉福禍凶如下：

在身體疾病方面：

住在此房間的人，所患的疾病，多屬足部、脾、胃、腎器官的疾病。

在人與人相處中有無糾紛：

住在此房間的人，缺少人和，不懂圓融的處理周遭的人際關係，與人爭執常居於不利的地位。

開這個房門對於文昌考試運：

住在此房間的學生，讀書容易心煩、不得要領，成績因此極差。

264.375 ～ 270　房門開立在【師】卦位，各方面運勢如下：

在身體疾病方面：

住在此房間的人，容易罹犯胃、脾、腎臟的毛病，脾實、腎虛，且常生急性之疾。

在人與人相處中有無糾紛：

住在此房間的人，容易有得理不輕易和解的傾向，因此會埋下日後不利的因素。

開這個房門對於文昌考試運：

住在此房間的學子，比較屬於由動態中吸收學問的類型，但在台灣教條式的教學下，恐怕不易有太好的表現。

270 ～ 275.625　房門開立在【遯】卦位，各方面運勢如下：

在身體疾病方面：

住在此房間的人，容易罹患肺虛、脾氣不好的毛病，面黃、食少。

在人與人相處中有無糾紛：

住在此房間的人，不易和他人發生爭吵，每每以退讓平息彼此的爭執。

開這個房門對於文昌考試運：

住在此房間的學生，多不能在試場上充分發揮自己的實力，因此成績大多不佳。

275.625 ～ 281.25　房門開立在【咸】卦位，各方面運勢如下：

在身體疾病方面：

住在此房間的人，脾虛肺實，脾虛則有脹滿便祕之疾，肺實則有氣喘、胸悶而痛。

在人與人相處中有無糾紛：

住在此房間的人，若與人爭吵多主凶厄，若定爻、變爻有刑剋，恐生死厄、牢獄、破財之災。

開這個房門對於文昌考試運：

住在此房間的學子，考運不錯，可充分發揮自身的實力，成績良好。

281.25 ～ 286.875　房門開立在【旅】卦位，各方面運勢如下：

在身體疾病方面：

住在此房間的人，容易罹患消化、呼吸器官的疾病，若定爻、變爻有刑剋，則會染上癌症致死。

在人與人相處中有無糾紛：

住在此房間的人，容易與人發生爭吵，而且最後大多禍患無窮。

開這個房門對於文昌考試運：

住在此房間的學生，考試運極差，就算十分的努力，最後也不會有好成績出現。

286.875 ～ 292.5　房門開立在【小過】卦位，各方面運勢如下：

在身體疾病方面：

住在此房間的人，容易得到脾胃及肝臟的毛病，此外，容易有抽筋和胃出血之疾。

在人與人相處中有無糾紛：

住在此房間的人，經常因為一些小事與人發生爭吵，其結果是造成不利於己的人際關係。

開這個房門對於文昌考試運：

住在此房間的學生，考試運極差，平常無法定下心來看書，考試又愛作弊，被抓的機會很大。

292.5 ～ 298.125　房門開立在【漸】卦位，各方面運勢如下：

在身體疾病方面：

住在此房間的人，容易罹患和鼻子、耳朵、腸胃有關的疾病，在治療上頗費時日。

在人與人相處中有無糾紛：

住在此房間的人，和人發生爭吵時，容易由小事轉化為大事。

開這個房門對於文昌考試運：

住在此房間的學生，成績有往上爬的趨勢，繼續用功定可名列前茅。

298.125 ～ 303.75　房門開立在【蹇】卦位，各方面運勢如下：

在身體疾病方面：

住在此房間的人，若不幸患疾病時，必須立即送醫治療，否則會因為有意外的併發症而奪命。

在人與人相處中有無糾紛：

住在此房間的人，很難不和別人爭執，容易惹上官司刑訟。

開這個房門對於文昌考試運：

住在此房間的學生，學習過程中備感壓力和困惑，考運極差。

303.75 ～ 309.375　房門開立在【艮】卦位，各方面運勢如下：

在身體疾病方面：

住在此房間的人，容易感染結核病或肝硬化的疾病，此外，也要小心腦部的毛病。

在人與人相處中有無糾紛：

住在此房間的人，易和他人發生爭吵，而且不易化解，進而對自己造成不利的隱憂。

開這個房門對於文昌考試運：

住在此房間的學生，考運不佳，成績不理想，若文昌位得用稍可化解。

309.375 ～ 315　房門開立在【謙】卦位，各方面運勢如下：

在身體疾病方面：

住在此房間的人，容易染患腹部和肺部方面的疾病，也會發生不明原因的發燒症狀。

在人與人相處中有無糾紛：

住在此房間的人，比較不會和他人發生爭吵，就算有，也會很快的化解。

開這個房門對於文昌考試運：

住在此房間的學生，考運好，成績佳，本屋能增強學習能力。

315～320.625　房門開立在【否】卦位，各方面運勢如下：

在身體疾病方面：

住在此房間的人，對身體衰弱有病的家人非常不利，此外，注意耳、鼻、呼吸器官的疾病。

在人與人相處中有無糾紛：

住在此房間的人，個性易怒，容易與人發生爭吵而生禍害之情事。

開這個房門對於文昌考試運：

住在此房間的學生，考運不佳，成績無法提升，讀書無法集中精神。

320.625～326.25　房門開立在【萃】卦位，各方面運勢如下：

在身體疾病方面：

住在此房間的人，易染患的疾病多屬於胸部或腹部方面，但都是小毛病。

在人與人相處中有無糾紛：

住在此房間的人，容易和他人發生爭吵，應盡量以和為貴，爭執對本身並不利。

開這個房門對於文昌考試運：

住在此房間的學生，求學讀書比較能夠集中精神，因此成績大多不錯。

326.25～331.875　房門開立在【晉】卦位，各方面運勢如下：

在身體疾病方面：

住在此房間的人，容易莫名其妙的發高燒，必須立即送醫，否則會有大麻煩。

在人與人相處中有無糾紛：

住在此房間的人，容易和上司或同事發生衝突，但不會影響自己的人際關係。

開這個房門對於文昌考試運：

住在此房間的學生，考運很好，配合本身的實力，都會有好成績。

331.875～337.5　房門開立在【豫】卦位，各方面運勢如下：

在身體疾病方面：

住在此房間的人，大毛病不會有，但若是犯了小毛病，也很容易痊癒。

在人與人相處中有無糾紛：

住在此房間的人，容易因為事業上的關係，而和他人發生爭吵，宜和解為宜。

開這個房門對於文昌考試運：

住在此房間的學生，可得到不錯的成績，在努力之後可更上一層樓。

337.5 ～ 343.125　房門開立在【觀】卦位，各方面運勢如下：

在身體疾病方面：

住在此房間的人，容易染患呼吸器官和腹部的疾病，大都是氣候所引起的。

在人與人相處中有無糾紛：

住在此房間的人，容易因為本身情緒上的起伏過大，而莫名其妙的與人發生爭吵。

開這個房門對於文昌考試運：

住在此房間的學生，考運極差，即使十分用功，也得不到好成績。

343.125 ～ 348.75　房門開立在【比】卦位，各方面運勢如下：

在身體疾病方面：

住在此房間的人，多為輕微的病症，很快就會自然痊癒。

在人與人相處中有無糾紛：

住在此房間的人，不宜與人發生爭執，會對自己造成不利的影響。

開這個房門對於文昌考試運：

住在此房間的學生，考運極佳，每一次考試都能得心應手。

348.75 ～ 354.375　房門開立在【剝】卦位，各方面運勢如下：

在身體疾病方面：

住在此房間的人，所罹患的毛病多為頭痛，若定爻、變爻有剋，則易生凶厄。

在人與人相處中有無糾紛：

住在此房間的人，很容易和街坊鄰居發生爭執，造成自己人際關係的不和諧。

開這個房門對於文昌考試運：

住在此房間的學生，考運極差無比，名落孫山是意料中的事。

354.375 ～ 360　房門開立在【坤】卦位，各方面運勢如下：

在身體疾病方面：

住在此房間的人，易染患的疾病多在腹部，但是情況不會太嚴重。

在人與人相處中有無糾紛：

住在此房間的人，若與人發生糾紛而致訴訟時，多為不利的結果。

開這個房門對於文昌考試運：

住在此房間的學生，考運平平，雖然努力用功，但成績就是很難提升。

第七章

玄空自動找出八運、九運好與壞格局之房子

當今的房地產價格很高，每個人一輩子可能只能買一間房子，所以不能不慎重而為之，當您有機會購買房子時能參考陽宅學理論來做挑選，那就最好不過了。

以下的資料可提供您做最佳參考：

最優先選擇之坐向為【到山到向格】，次為【雙星到向格】，但不能選到有兼向之局。

第一節 八運最佳之坐向格局

經玄空陽宅理論【以八運——西元 2004 ～ 2023 年間】。

最佳之坐向格局

【乾山巽向】是屬【到山到向】局
【巽山乾向】是屬【到山到向】局
【丑山未向】是屬【到山到向】局
【未山丑向】是屬【到山到向】局
【巳山亥向】是屬【到山到向】局
【亥山巳向】是屬【到山到向】局

丑向

96 四 坎	28 二 艮	74 六 震
41 九 乾	52 八	63 七 巽
39 一 兌	85 五 坤	17 三 離

未山

巽向、巳向

29 六 震	18 七 巽	53 三 離
64 二 艮	97 八	31 五 坤
42 四 坎	86 九 乾	75 一 兌

乾山、亥山

未向

71 三 離	58 五 坤	93 一 兌
36 七 巽	25 八	14 九 乾
47 六 震	82 二 艮	69 四 坎

丑山

乾向、亥向

57 一 兌	68 九 乾	24 四 坎
13 五 坤	79 八	46 二 艮
35 三 離	81 七 巽	92 六 震

巽山、巳山

次佳之坐向格局

【子山午向】是屬【雙星到向】局

【卯山酉向】是屬【雙星到向】局

【庚山甲向】是屬【雙星到向】局

【丙山壬向】是屬【雙星到向】局

【乙山辛向】是屬【雙星到向】局

【癸山丁向】是屬【雙星到向】局

甲向

43 二 艮	88 六 震	97 七 巽
61 四 坎	16 八	52 三 離
25 九 乾	34 一 兌	79 五 坤

庚山

午向、丁向

34 七 巽	88 三 離	16 五 坤
25 六 震	43 八	61 一 兌
79 二 艮	97 四 坎	52 九 乾

子山、癸山

壬向

43 九 乾	88 四 坎	61 二 艮
52 一 兌	34 八	16 六 震
97 五 坤	79 三 離	25 七 巽

丙山

酉向、辛向

34 五 坤	88 一 兌	79 九 乾
16 三 離	61 八	25 四 坎
52 七 巽	43 六 震	97 二 艮

卯山、乙山

PS：以上所列舉的各坐向方位是本大運之最好及次好之選屋建議，假如外局無法有圓滿的搭配，就必須用陽宅開運改運法來補強。

第二節　八運最差之坐向格局

好不容易有買房子的機會，所以不能不慎重而為之，當您有機會購買房子時能參考陽宅學理論來做挑選，那就最好不過了。

以下的資料是在陽宅學上，本元運中比較不好的坐向格局：

最好不要選擇之坐向為【反伏吟格】，次為【上山下水格】及【雙星到山格】，更不能選到有兼向之局。

最差排名一之坐向格局

【戌山辰向】是屬【上山下水】局

【辰山戌向】是屬【上山下水】局

辰向

7 5 六 震	8 6 七 巽	4 2 三 離
3 1 二 艮	9 7 八	6 4 五 坤
5 3 四 坎	1 8 九 乾	2 9 一 兌

戌山

戌向

9 2 一 兌	8 1 九 乾	3 5 四 坎
4 6 五 坤	7 9 八	1 3 二 艮
2 4 三 離	6 8 七 巽	5 7 六 震

辰山

最差排名二之坐向格局

【申山寅向】是屬【上山下水】局

【寅山申向】是屬【上山下水】局

【坤山艮向】是屬【上山下水】局

【艮山坤向】是屬【上山下水】局

艮向、寅向

17 四 坎	85 二 艮	39 六 震
63 九 乾	52 八	41 七 巽
74 一 兌	28 五 坤	96 三 離

坤山、申山

坤向、申向

69 三 離	82 五 坤	47 一 兌
14 七 巽	25 八	36 九 乾
93 六 震	58 二 艮	71 四 坎

艮山、寅山

最差排名三之坐向格局

【丁山癸向】是屬【雙星到山】局

【辛山乙向】是屬【雙星到山】局

【壬山丙向】是屬【雙星到山】局

【甲山庚向】是屬【雙星到山】局

【酉山卯向】是屬【雙星到山】局

【午山子向】是屬【雙星到山】局

丙向

52 七 巽	97 三 離	79 五 坤
61 六 震	43 八	25 一 兌
16 二 艮	88 四 坎	34 九 乾

壬山

子向、癸向

25 九 乾	79 四 坎	97 二 艮
16 一 兌	34 八	52 六 震
61 五 坤	88 三 離	43 七 巽

午山、丁山

庚向

97 五 坤	43 一 兌	52 九 乾
25 三 離	61 八	16 四 坎
79 七 巽	88 六 震	34 二 艮

甲山

卯向、乙向

79 二 艮	34 六 震	25 七 巽
52 四 坎	16 八	61 三 離
97 九 乾	88 一 兌	43 五 坤

酉山、辛山

第三節 九運最佳之坐向格局

現代之房地產價格很高，每個人一輩子可能只能買一間房子，所以不能不慎重而為之，當您有機會購買房子時能參考陽宅學理論來做挑選，那就最好不過了。

以下的資料可提供您做最佳參考：

最優先選擇之坐向為【到山到向格】，次為【雙星到向格】，但不能選到有兼向之局。

經玄空陽宅理論【以九運——西元 2024 ～ 2043 年間】

最佳之坐向格局

【巳山亥向】是屬【雙星到向】局

【巽山乾向】是屬【雙星到向】局

次佳之坐向格局

【壬山丙向】是屬【雙星到向】局

【丑山未向】是屬【雙星到向】局

【甲山庚向】是屬【雙星到向】局
【午山子向】是屬【雙星到向】局
【丁山癸向】是屬【雙星到向】局
【坤山艮向】是屬【雙星到向】局
【申山寅向】是屬【雙星到向】局
【酉山卯向】是屬【雙星到向】局
【辛山乙向】是屬【雙星到向】局
【戌山辰向】是屬【雙星到向】局

好不容易有買房子的機會，所以不能不慎重而為之，當您有機會購買房子時能參考陽宅學理論來做挑選，那就最好不過了。

以下的資料是在陽宅學上，本元運中比較不好的坐向格局：

最好不要選擇之坐向為【反伏吟格】，次為【上山下水格】及【雙星到山格】，更不能選到有兼向之局。

經玄空陽宅理論【以九運——西元2024～2043年間】

最差之坐向格局

【子山午向】是屬【雙星到山】局

【癸山丁向】是屬【雙星到山】局

【艮山坤向】是屬【雙星到山】局

【寅山申向】是屬【雙星到山】局

【卯山酉向】是屬【雙星到山】局

【乙山辛向】是屬【雙星到山】局

【辰山戌向】是屬【雙星到山】局

【丙山壬向】是屬【雙星到山】局

【未山丑向】是屬【雙星到山】局

【庚山甲向】是屬【雙星到山】局

次差之坐向格局

【乾山巽向】是屬【雙星到山】局

【亥山巳向】是屬【雙星到山】局

1、何謂「生基」？

「生基」簡單的說，就是活人的「衣冠塚」，一般稱為「壽墳」，有建造墓型及不造墓型兩種方式。

2、什麼人需要「造生基」？

（1）、**先天命差，後天運弱：**

可藉由生基之造化，扭轉乾坤，達到催官、增壽、進祿、招財、保命、啟智的效果。明天福禍誰人知？身體健康，精、氣、神暢旺，才是人生的根本。縱有百億資產大亨，若人生歸零，一切也是枉然。您現在已經過得很不錯了，但總想「明天要比今天更好」，都可來造作生基，為自己創造更有利的優勢，好還要更好。

（2）、**體弱多病，病魔纏身：**

「生基」就是壽墳，人有三魂：靈魂、生魂（骨）、覺魂（神主牌），七魄：八字、姓名、毛髮、指甲、血液、衣物、鞋襪。生基可強化「元神」，增益體能，轉弱為強，化解災厄，凡有因緣，做過的主家也都能得到驗證，那是因為得到「生基」地靈感應的效果。

（3）、先人火化，祖墳無助：

祖墳蔭助後代，自古以來，多有驗證。從台灣幾大家族之家屬過世，仍克服困難堅持「土葬」，可見風水之重要性。其得知風水之玄奧，可營造後代之優勢。但是大多數人，全無概念，又因好地理難尋，只圖方便，都將先人火化，蔭助之功全無。縱使知道地理風水的重要，祖墳也無地理條件，甚至發凶，然因牽涉兄弟、長輩，遷葬不易。唯有造作「生基」，感應最為直接，方能自我改善，創造優勢。

（4）、陽宅不佳，事業不順：

現代都市叢林化房屋，地理福助談不上，外在格局「形煞」沖射卻不少，造成負面影響，以致家運不順，身體受損，甚至怪病橫生，雖有請老師化煞氣，卻無法全除。此時，唯有藉助「生基」開運造福法。

3、造生基應準備什麼物品？

造作「生基」就是在扶助本身，要備有：福主長生牌、姓名、生辰八字、血液、指甲、毛髮、內外衣褲、鞋襪等。要以專業的「行道作法」，裝入寶甕中，達到催官、進祿、富貴、福德、增壽、招財、保命之效果。

4、生基之妙用

唐朝國師楊救貧仙師曾說：地理之為鬼神可改天命也。藉風水地理神妙之術，改人先天之命危，消災解厄，趨吉避凶，以達「生基」造作之目的。本天、地、人三結合確有起死回生之妙用。地為萬物之母，生人得真龍正穴之地靈旺氣傳達己身，產生共鳴，再受日、月、天地山川「氣」的感應，依選定流年之不同，快者六個月，慢者不超過兩年，可達催官、進祿、富貴、福德、增壽、招財、保命之效果。

5、如何改變陰宅、陽宅磁場、密宗之吉祥如意風水寶瓶最具效果。

吉祥如意風水寶瓶

每個風水寶瓶都經過喇嘛閉關七天
唸經持咒開光加持

安放位置
1.祖先牌位旁　2.神位旁
3.入門對角位　4.乾淨位置
可

功德

安此大寶瓶功德不可思議；此大寶瓶不同其他，
可興風水、助運勢、身強健、辦事成；
【藏地】成風水寶地(埋於地面)
人聰麗.家庭和睦.生意興旺.風調雨順.國運昌隆。

作用

可淨化：若地方因戰爭.殺戮.自殺.瘟疫魔難等所生不祥之地，
可避禍：地震、水災、風災、火災等大自然災害
可解除：屋內風水不好，產生沖煞、產生疾病、各種魔障，
可旺地：動土、蓋屋、建寺，埋此地旺；
改風水：墳墓、塔位安此好風水；
可光明：佛堂安住生光明。
可改變：【陰宅風水地理不佳】之狀況
化形煞：【陽宅地理不佳】，外陽宅任何形煞，
變磁場：內陽宅磁場不好都可藉由風水寶瓶來開運制煞，
風水陽宅好全家平安.運勢佳.身體安康.工作事業順利.財源廣進。

內容

此大寶瓶蓮花為座，八吉祥緣起咒繞，上供摩尼寶，
內依地水火風壇城、文武百尊壇城為輪，擦擦佛塔為脈

裝臟內容物：

泥塑佛塔、七寶石、珍寶、時輪金剛、佛卡經文、舍利子、經軸、
珍貴藏藥、米、地水風火壇城、佛陀出生地、成佛地、桑耶寺、
雍措湖、雪域等加持物、印度八大聖地、不丹、台灣、大陸聖地之土，
時輪金剛本尊，一字續觸解脫為經文，另各類經咒緣起咒加持，
西藏各大寺甘露丸及七寶石作供養，昇起金剛大寶帳。

加持

依伏藏經文如法製作，灑淨、加持，
裝臟後由金剛上師七天閉關修法加持、開光。吉祥圓滿。

第八章

實際範例：陽宅診斷與規劃

學完了三元玄空陽宅診斷與制煞流程之後，我們在此用實際案例完整列出一間陽宅內外格局，如何擷取資料以及如何測量各方位，只要正確輸入各角度，以及住在屋中成員的個人資料，就能完整診斷出一間陽宅各房間、廚房、書房、廁所、神位以及成員所住的房間好壞，好讓我們了解如何才能趨吉避凶，轉禍為福。

首先要取得住在本宅成員的資料以及屋中各房間位在哪個方位

本宅方位及成員資料

屋宅坐向：

座316度，乾（正西北）方

向136度，巽（正東南）方

本宅各項目所在方位坐向：

大門：100度方

客廳：109度方

神位：225度，坤（正西南）方

書房：45度，艮（正東北）方

水路—來：202度方

水路—去：89度方

廚房（坐）：283度方

灶位（坐）：320度方

廁所（一）：270度，酉（正西）方

廁所（二）：41度方

臥室（一）：250 度方

臥室（二）：1 度方

臥室（三）：60 度，寅（東北東）方

臥室（四）：181 度方

凸出：110 度方

高大物：190 度方

住幾樓：7 樓

水路 1—來：107 度方

水路 1—去：239 度方

路沖：142 度方

家中成員：

爸爸：黃大維 生日：1958/06/22，臥室：1，命卦：乾（西四命）

媽媽：邱小津 生日：1961/12/13，臥室：1，命卦：震（東四命）

女兒：黃曉梅 生日：1986/07/13，臥室：2，命卦：坎（東四命）

兒子：黃宇祥 生日：1989/07/13，臥室：3，命卦：坤（西四命）

下圖為本宅之形狀圖：

三元玄空本宅向元運吉凶圖

所謂三元，即三個甲子年，為一百八十年，分別為上元、中元、下元，每個元運有六十年，周而復始，循環不已。

西元 1864 ～ 1923 為上元、1924 ～ 1983 為中元、1984 ～ 2043 為下元運，每二十年為一運，依目前元運為八運。

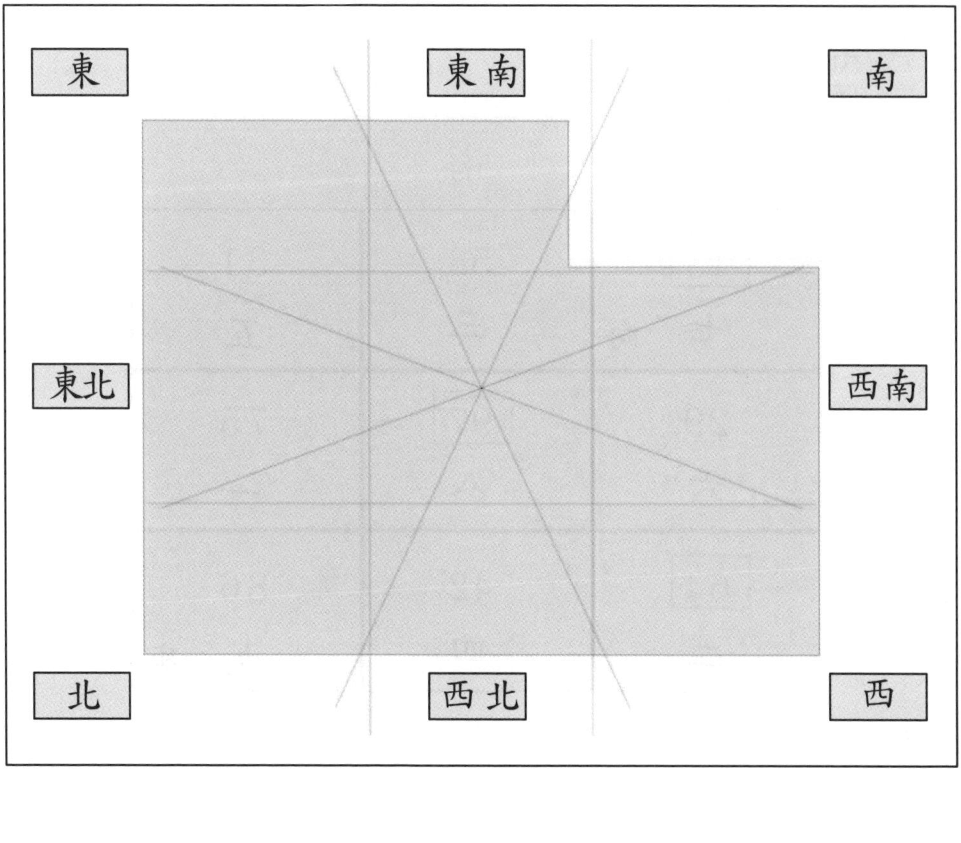

我們家的房子，元運方位吉凶示意圖如下：

【大運】八運

【方位】乾山巽向

【運旺衰】到山到向

【星運】

【打劫】

【三般卦】

【城門】午

【反伏吟】

玄空屋宅各方位簡述與佈局

觀察格局：依陽宅地勢看吉凶，大門看家運，主臥室看子嗣，客廳看家庭財運興衰，廚灶看食祿，浴廁看健康。

1、外局：查看外煞的風水地理位置，對於家中何人有何對應病剋或血光之災，財氣旺不旺，並

東南	南	西南
18（框） 七 向	53 三	31 五
29 六	97（框） 八	75 一
64（框） 二	42 四	86 九 座
東北	北	西北

東　　　　西

建議改進事項。

2、內局：查看屋內格局及各項設施與擺設位置之吉凶，並建議改進事項。

依目前元運為八運，咱們家之方位為乾山巽向。

八運乾山是「到山到向」旺財丁，坐山後面要有靠山來助丁，忌放水池（風水球），很容易患頭痛，可放瓦斯爐向前面納旺氣，千萬不要開後中門納衰星氣，不吉！向上（明堂前）旺星到，可開中門，見到水池（風水球），發財很快；向上（明堂前）若有房屋一樣高，當案山更佳。

住宅各方位建議如下：

坎卦——（北方）

42千萬不要開龍後門，納零神病符星的氣，影響身體欠安，外局有高建築物，很容易患肝膽病。

艮卦——（東北方）

東南	南	西南
18 七 向	53 三	31 五
29 六	97 八	75 一
64 二	42 四	86 九 座
東北	北	西北

（左：東；右：西）

64 外局如果有水，犯風流，若安床鋪睡覺會頭痛。

震卦——（東方）

29 可開龍門納未來的氣，外局有高壓建物，很容易患胃病。

巽卦——（東南方）

18 向上（明堂前）旺星到，可開中門納旺氣，向上（明堂前）見到水池（風水球），發財很快，可安裝冷氣機，可安抽風機。

離卦——（南方）

53 千萬不要開虎門納蚩尤星氣，犯劫財；外局如果有水，很容易患足腳病、肝炎。

坤卦——（西南方）

31 安床鋪睡覺會筋骨痠痛，忌安瓦斯爐，犯雙腳筋骨痛。

兌卦——（西方）

75 千萬不要開後門，納五黃氣影響身體。

乾卦——（西北方）

86 坐山當運到，主旺丁，後面有靠山人丁會更旺，可安床鋪睡覺，身體健康，可安瓦斯爐，可放洗衣機。

中宮——（中間區塊）

97三盤連珠，可放辦公桌，可做客廳泡老人茶。

PS：若要化解屋子裡面與外面的形煞：可在客廳面向外面明堂之牆壁，掛上一個具有磁場靈動的開運制煞羅盤來鎮宅及擋煞。

玄空屋宅方位九星組合剋應

觀察星盤之吉凶，並非單純的只看向星或山星，須看全盤之相互影響及九星之組合，其中以山星與向星的組合較重要，而山星與運星及向星與運星之組合較為次要。

本解釋是綜合《玄空秘旨》、《玄機賦》、《飛星賦》、《紫白訣》及《六十四卦斷訣》等諸篇古籍，將九星組合後，依其生旺剋煞歸納如下，以供參考。

依目前元運為八運，咱們家之方位為乾山巽向。

東南	南	西南
18 七 向	53 三	31 五
東：29 六	97 八	75 一：西
64 二	42 四	86 九 座
東北	北	西北

在房子的東方位置有二九同宮（地火明夷）

好現象：旺丁，出秀士，二運當旺，財源不絕。

壞現象：失運恐有目盲，出愚鈍頑夫、缺子損丁、中女血疾、心病眼疾。

在房子的西方位置有七五同宮

好現象：發財旺丁，最利經營商行。

壞現象：失運恐有吸毒、喉症、口腔病變、肺部疾病、橫死之應。

在房子的南方位置有五三同宮

好現象：財祿豐盈，興家創業，驟發富貴，出高官。

壞現象：失運恐有癲癇病、遭蛇咬、車禍、賭博敗家。

在房子的北方位置有四二同宮（風地觀）

好現象：為人誠懇實在，易逢貴人相助而聲震四方。

壞現象：失運恐有木剋坤土，主傷老母，長婦難產，傷丁敗財，口舌是非之應。

在房子的東南方位置有一八同宮（水山蹇）

好現象：發文才之士，利開礦或水利工程等艱苦事業。

壞現象：失運恐有困難艱苦、兄弟不和、入獄、腰痛、鼻炎、手傷。

在房子的東北方位置有六四同宮（天風姤）

好現象：後天合十，天地相遇，陰陽調和。故可名利雙收，貴人多助，步步得利。

壞現象：失運恐有；金木刑剋，慎防長婦產厄。主應婦女身體不佳，腳傷痠痛。

在房子的西南方位置有三一同宮（雷水解）

好現象：水木相生，萬物生機，事事順利，貴人得助。

壞現象：失運恐有分離、長子離家、損婦女、少子孫。

在房子的西北方位置有八六同宮（山天大畜）

好現象：土金相生，財源廣進，功名利祿，子孫賢孝，事業亨通。

壞現象：失運恐有純陽之卦，陽盛陰衰，易有婦女短壽與乏嗣之應。

在房子的中宮位置有九七同宮（火澤睽）

好現象：逢當旺之運，則妯娌友好，出美貌女子，旺財帛。

壞現象：失運恐有二女同居，其志不同行。合夥必敗，傷幼婦與少女，男人壽短，家道中落，日漸衰微。

PS：在各宮格局中，以上方位為雙星交會之現象，切記在凶位方避免擺設尖銳之物，該處宜靜不宜動。優點就會應驗，缺點就比較不會發生。

玄空屋宅各樓層吉凶現象簡述

現代的大樓，對玄空理氣而言，各家之私門作主，以諸家往來之路為用，一家各立一太極。而判各家之吉凶，是以河圖之數來推算層數，河圖數以「一、六層」為水，「二、七層」為火，「三、八層」為木，「四、九層」為金，「五、十層」為土，再以河圖數之五行與坐山論生旺休囚剋煞。

經測量結果【以房子跟樓層論】

本宅是坐乾（西北）向巽（東南）：坐山五行為「金」

居住在第一、六、十一、十六、二十一、二十六層，金水相生，生女秀麗慧黠，男子則不免淫蕩。

居住在第二、七、十二、十七、二十二、二十七層，屬火剋金，為外制內，須防肺癆相傳，生敗絕之子。

居住在第三、八、十三、十八、二十三、二十八層，木受坐山之剋，財雖有但是人丁不旺，主有筋骨疼痛之疾。

居住在第四、九、十四、十九、二十四、二十九層，金金比和，主人丁旺而女人強勢，宜開門路做大院，以洩其氣，則男兒富貴雙美。

居住在第五、十、十五、二十、二十五層，屬土生金，外益內，主財丁兩旺，秀麗發貴。

PS：如果您所居住的房宅坐向與樓層是相生的那恭喜您！若是相剋的也不用緊張，可以調整您的臥床方位或改變床罩

及床單的喜用色或掛一幅富貴牡丹圖，就可以化解一切凶象OK！

經理論分析結果【以本命卦跟樓層論】

因【黃大維】本命卦屬「乾」命，六白金。

如住在第一、六、十一、十六、二十一、二十六層，金生水，我生為洩氣，平安之局，不宜大用。

如住在第二、七、十二、十七、二十二、二十七層，火剋金，剋我為凶。

如住在第三、八、十三、十八、二十三、二十八層，我剋為財，主旺財。

如住在第四、九、十四、十九、二十四、二十九層，金金比和，同氣用之為吉。

如住在第五、十、十五、二十、二十五層，土生金，生我主吉。

因【邱小津】本命卦屬「震」命，三碧木。

如住在第一、六、十一、十六、二十一、二十六層，生我為用，主吉。

如住在第二、七、十二、十七、二十二、二十七層，木火相生，我生為洩氣，平安之局，不宜大用。

如住在第三、八、十三、十八、二十三、二十八層，木木比和，主吉。

如住在第四、九、十四、十九、二十四、二十九層，金剋木，剋我為凶。

如住在第五、十、十五、二十、二十五層，木剋土，為我剋，我剋主旺財。

因【黃曉梅】本命卦屬「坎」命，一白水。

如住在第一、六、十一、十六、二十一、二十六層，為水見水，主吉。

如住在第二、七、十二、十七、二十二、二十七層，屬水火既濟，我剋主旺財。

如住在第三、八、十三、十八、二十三、二十八層，屬水木相生，我生為洩氣，平安之局，不宜大用。

如住在第四、九、十四、十九、二十四、二十九層，乃金生水，外益內，發財悠久，主吉。

如住在第五、十、十五、二十、二十五層，土來剋水，為剋我，主凶。

因【黃宇祥】本命卦屬「坤」命，二黑土。

如住在第一、六、十一、十六、二十一、二十六層，為我剋，我剋主旺財。

如住在第二、七、十二、十七、二十二、二十七層，火生土，生我主大吉大利。

如住在第三、八、十三、十八、二十三、二十八層，木剋土，剋我為凶。

如住在第四、九、十四、十九、二十四、二十九層，土金相生，我生為洩氣，平安之局，不宜大用。

如住在第五、十、十五、二十、二十五層，同我同氣比和，用之為吉。

PS：如果有機會購屋或搬家時，可以參考以上論述，若您所居住的樓層對您是有利的那恭喜您！如果是不利的也不用緊張，可以調整您的臥床方位或改變床罩及床單的喜用色，或在臥房的三合方貼上三合生肖圖，就可以化解一切凶象OK！

玄空屋宅應注意發凶含兼向位

坎、艮、震、巽、離、坤、兌、乾，八卦方位合計為三百六十度，每卦各佔四十五度，每卦分為三山，每山各佔十五度。再將每山分成五格（即所謂的「分金」），每格各佔三度，線入兩旁之分金時，即為兼向。

經診斷房子的坐山為坐乾向巽，而角度為316度。

經檢查本屋宅並沒有【騎線】、【兼線】、【坐雙山】之現象。

玄空屋宅各方位開運制煞佈局

此開運制煞法是以星盤各方位之吉凶來論述現象及制煞方法，該九星之組合，其中以山星與向星的組合中，有特別重要且必須化解之宮位，提示出供主人參考。

依目前元運為八運，咱們家之方位為乾山巽向。

東南	南	西南
18（框） 七　向	53 三	31 五
東		西
29 六	97（框） 八	75 一
64（框） 二	42 四	86 九　座
東北	北	西北

在房子的東南方位置有一八同宮

好現象：發文才之士，利開擴或水利工程等艱苦事業。

壞現象：有吉利之象，因八白為財星，主喜慶得利之事，唯逢元運零神到方，再逢死煞洩氣，則只以平吉論，如一白入震木之宮為水來生木，主得子旺丁，但流年逢八白來會，則又成土來剋水，恩星受制，中男有災。

【開運及化解方法】掛銅鈴，也可掛小羅盤來鎮宅制煞。用銅葫蘆或銅鈴（屬金性），以金洩土氣，為土（八白土）生金之意，又能促進金生水來增益。

在房子的東北方位置有六四同宮

好現象：名利雙收，升遷，競爭中得財。

壞現象：防自縊，傷長婦女，勞苦，人財兩散，筋骨疼痛，官訟賊盜。金剋木象，妨長女多病、官非、婚訟。

【開運及化解方法】黑色或藍色飾品（如地毯）。黑色、藍色屬水性，以水來洩金氣（為金生水之象）不再剋木。

在房子的中宮位置有九七同宮

好現象：利發明，或創意動頭腦。

壞現象：慎防火災，好色，防性病，肺癆吐血，官非。

（二星交會若有巒頭水或年、月二黑土亦為先天火加臨，便主發災變）。

主回祿之災、眼疾、心臟病、貪花戀酒，交際多。

又此方若見紅色或尖形物，三角形物體或建物沖射或犯煞，必應火災。故忌於此方開門、設爐灶、動土、修建。其制化之法，如置水，或將門窗緊閉等。

【開運及化解方法】方形瓷器土多之盆景或黃色之物品以土洩火氣（為火生土之意）。

PS：在以上所提示的宮位中，該雙星交會之現象比較容易應驗，只要在凶位避免擺設尖銳之物，該處宜靜不宜動，優點就會應驗，缺點就比較不會發生。當然有問題的宮位如能將其化解，您說，何樂而不為呢？

玄空陽宅催旺財運法

《玄空秘旨》曰：「苟無生氣入門，糧艱一宿；會有旺星到穴，富積千鍾。」意即玄空注重生、旺、衰、死、殺。如一運逢一白、二運逢二黑、三運逢三碧、四運逢四綠、五運逢五黃、六運逢六白、七運逢七赤、八運逢八白、九運逢九紫，皆為當旺之運，若逢生旺之星到向（大門），就是生旺開門，財氣入宅。

當令之星為旺，未來運星為生，過去之運為衰。然而，當測出門向不佳時，則可以用「景象」法之要領來改善，使屋宅氣運轉吉。

依目前元運為八運，咱們家之方位為乾山巽向。

用向星來做標的

以本宅的坐向，來選開門的位置：

1、最佳位置是開——中——門，在東南方。

2、次佳位置是開——龍——門，在東方。

六十四卦大門吉凶診斷法

大門為陽宅一家人進出的氣口，與家庭之吉凶禍福關係重大，古有云：「家運、財運，看玄關氣口。」所以陽宅大門與宇宙間生旺休囚，攸關居住者財運、身體，有極重要之意義。

大門的大小務必適中，門前切忌有大樹、電線桿，大門忌對他人屋角、煙囪、死巷、山巒、兩屋之狹巷風煞，綜合以上之形煞在大門之前方，只要不犯流年三煞與五黃星到臨，相信這一年之中能使全家大小身體健康，事業發達。

東南		南		西南
	[18] 七 向	53 三	31 五	
東	29 六	[97] 八	75 一	西
	[64] 二	42 四	86 九 座	
東北		北		西北

經測量結果門開在 95.625 ～ 101.25 度

大門開立在損卦位，各方面運勢如下：

【此屋住久後會感應以下現象】

在婚姻的對待關係上：

住在此房間的夫妻，若定爻、變爻沒有重大刑剋，夫妻之間雖然有些口角，但不至於破壞婚姻關係，而且會漸入佳境。

在戀愛感情發展上：

住在此房間的男女，若不是缺乏恆心、耐心，就是對自己沒有信心，導致感情生活並不是很順，不是一個有利戀愛的住屋。

在家庭關係中：

住在此房間的人，家庭經濟方面多不如意，夫妻間雖胼手胝足，亦無法改善衰退的家運；但若定爻、變爻有生助，就能重振家運。

在錢財獲利方面：

住在此房間的人，財運平平而已，營利事業採穩紮穩打的做法，較有成功的機會。

在生、老、病、終方面：

住在此房間的人，氣勢薄弱，身體健康情況欠佳，不適合年輕人居住。

在身體疾病方面：

住在此房間的人，易染患消化器官或身心衰弱的病症。

在人與人相處中有無糾紛：

住在此房間的人，一旦和別人發生爭執，會對自己產生不利的影響。

開這個大門對於文昌考試運：

住在此房間的學生，考運不穩，時好時壞，但只要文昌位得用，考運將轉好。

PS：所謂有法有破，住久了如果真有不順的感覺，一定有辦法解決，最簡單的方法就是，運用粗鹽開運法，將房子淨化一番，家運即可平順。粗鹽（不經加工之原始粗鹽）不是低納鹽或精鹽。

1、可淨化陽宅（陽宅有可能會卡到陰，公司、店面、工廠想要財源廣進），使用粗鹽晶來開運。

2、可淨化身體（帶在身上、洗澡均可）。

3、可淨化衣物（放少許至洗衣機內）。

4、淨化車子（機車、汽車）可灑在輪子四周，可保行車平安。

5、搬家、旅行、探病、奔喪、防身。

6、杯子7個（可放房子四角落、玄關、廚房、廁所共七處）。

玄空陽宅臥房開運法

每個家庭都有許多房間，本功能就是依您所測量出每個房間的方位，分析出各房間的優劣，方便您安排規劃。

經測量結果【臥室（一）】的房間位於兌卦——（西方）

【75】千萬不要開後門，納五黃氣影響身體。

經測量結果【臥室（一）】的房門開在 56.25～61.875 度

房門開立在既濟卦位，各方面運勢如下：

在身體疾病方面：

住進此房者，容易染患心臟及腹部方面的毛病，容易引起併發症。

在與人相處中有無糾紛：

住進此房者，若與人發生爭吵必須很快的和解，否

東南		南		西南
	18 七 向	53 三	31 五	
東	29 六	97 八	75 一	西
	64 二	42 四	86 九 座	
東北		北		西北

則將對自己不利。

開這個房門對於文昌考試運：

住進此房者，考試運不差，用功些，可名列前茅。

經測量結果【臥室（二）】的房間位於坎卦——（北方）

【42】千萬不要開虎後門，納零神病符星的氣，影響身體欠安，外局有高建築物，很容易患肝膽病。

經測量結果【臥室（二）】的房門開在196.875～202.5度

房門開立在恆卦位，各方面運勢如下：

在身體疾病方面：

住進此房者，容易染患糖尿病、高血壓等慢性疾病，會引來不少的麻煩。

在人與人相處中有無糾紛：

住進此房者，不可輕易和人發生爭執，否則終致迫害，特別是定爻、變爻有刑剋，傷害更大。

開這個房門對於文昌考試運：

住進此房的學生，有不錯的考運，整體平均的成績非常的好。

經測量結果【臥室（三）】的房間位於艮卦——（東北方）

【64】外局如果有水，犯風流，若安床鋪睡覺會頭痛。

經測量結果【臥室（三）】的房門開在157.5～163.125度

房門開立在大壯卦位，各方面運勢如下：

在身體疾病方面：

易染患急性肺炎、腦病等症，尤其對於平常健壯而臨時發病者更不利。

在人與人相處中有無糾紛：

對人、對事有過於不理性衝動之象，容易犯錯。慎防血光之災，被人毆打、傷害之情事。

開這個房門對於文昌考試運：

對考運很有幫助，求事求職皆可順利。但是要謙沖為懷，虛懷若谷，才能明哲保身，更上一層樓。

經測量結果【臥室（四）】的房間位於離卦——（南方）

【53】千萬不要開虎門納蚩尤星氣，犯劫財；外局如果有水，很容易患足腳病、肝炎。

經測量結果【臥室（四）】的房門開在22.5～28.125度

房門開立在震卦位，各方面運勢如下：

在身體疾病方面：

住進此房者，容易罹患腦部、頭部、精神方面的疾病。

在人與人相處中有無糾紛：

住進此房者，對於糾紛若採強勢的態度，反而能獲得有利的解決。

開這個房門對於文昌考試運：

住進此房的學生，考運還好，但容易有患得患失的心情。

玄空陽宅廚房、爐灶斷法

廚房爐灶是以屋宅玄空飛星之【向上飛星為主】，不問生、旺、衰、死之屬性，但旺方可避則避開。以廚房之小太極點為基準來測量出爐灶所在位置。

經診斷本宅的【爐灶所放之位置向星為6乾方】

「6」乾金方——（西北），因火剋金，金受傷，則主【病符】，易生口舌、肺疾或血症，且「6」乾方位屬「天門」，火燒天門則會剋應家中出【逆子】。

其他各方位之現象解析：

爐灶的向星如果在

東南	南	西南
18 七 向	53 三	31 五
29 六	97 八	75 一
64 二	42 四	86 九 座
東北	北	西北

東（左）／西（右）

「1」坎水——（北），取水火既濟，或「9」離火方，則【平吉】。

爐灶的向星如果在

「2」坤土——（西南），則為病符星、火生土則旺病符，主家人多【病痛】。

爐灶的向星如果在

「3」震——（東）五行屬「木」之方位，因木能生火，木火通明【大吉】。

爐灶的向星如果在

「4」巽——（東南）五行屬「木」之方位，因木能生火，木火通明【大吉】。

爐灶的向星如果在

「5」黃中土為廉貞星，又稱「關煞」方，主災厄不斷，多剋應家人生病、吃藥、破財之情事。

爐灶的向星如果在

「7」兑金——（西）因火剋金，金受傷，則主【病符】，易生口舌、肺疾或壞血症。

爐灶的向星如果在

「8」艮土——（東北），因火能生土，火土相生主【中吉】。

爐灶的向星如果在

「9」離火——（南），則【平吉】，唯注意離火比旺時，則火氣太盛，易生火災。

玄空零神、正神、催財、催官法

【屋宅水路之論斷】

正神：乃為當旺之運神，如目前為八運【民國93（2004）年～民國112（2023）年】，則八艮（東北方）為正神。九運【民國113（2024）年～民國132（2043）年】，則九離（南方）為正神。正神方不宜見水，否則必損人丁。

零神：乃為失運衰氣之運神，如目前為八運【民國93（2004）年～民國112（2023）年】，則二坤（西南方）為零神。九運【民國113（2024）年～民國132（2043）年】，則一坎（北方）為零神。零神又名「正水」，水以衰為旺，故零神方最宜見水（又稱催財水），主大發。

催官：八運以三運為催官位。亦即三八為朋木、二七同道火、五十同途土、四九為友金、一六共宗水。以八運為例，八與三合為生成之數（三八為朋木），所以三震東方為催官位；九運與四合為生成之數（四九為友金），所以四巽東南方為催官位。

例如：

⑴、八運在坤方（西南方）見水，可佈置水池、水玲瓏，表示催財方見水，必定發富，但必須考慮流年五黃飛泊之方位。

⑵、八運在震方（東方）三八為朋木催官位，可佈置綠盆、駿馬圖（馬頭朝外）、馬上封侯的雕像、

鯉躍龍門圖、鹿圖（祿）、馬的雕像等，必能官運亨通。

依目前元運為八運

零神方有水，主住在此屋會有旺財之機會。

正神方有水，主住在此屋會有損子的現象。

催官方有水，主住在此屋會有出貴之機會。

催煞方有水，主吉凶不一、宅中方位有不佳組合之數宜靜不宜動。

吉照方有水，主住在此屋會有利財之機會。

凶照方有水，主住在此屋會有破財的現象。

經診斷本宅之水路由離方來，所以會有以下現象：

凶照方有水，主住在此屋會有破財的現象。

PS：如果您所居住的房宅外有零水、催水、照水那恭喜您！如果是正水、催煞、凶照水也不用緊張，您可在家中零水、催水、照水方製造或佈局成室內財水局，如掛一幅流水圖或擺水族箱或一盆清水或風水球，都可扭轉乾坤，便可以化解一切凶象OK！

對照方位

各元運水之零、正、催、照之方位一覽表

四水		零水	正水	催水	催煞	照水	凶照
元運	一	9	1	6	4	艮8、兌7	坤2、震3
	二	8	2	7	3	離9、乾6	坎1、巽4
	三	7	3	8	2	離9、乾6	坎1、巽4
	四	6	4	9	1	艮8、兌7	坤2、震3
	五	2 8	（上十年） （下十年）				
	六	4	6	1	9	坤2、震3	艮8、兌7
	七	3	7	2	8	坎1、巽4	離9、乾6
	八	坤2	艮8	震3	兌7	坎1、巽4	離9、乾6
	九	坎1	離9	巽4	乾6	坤2、震3	艮8、兌7
吉凶		吉	凶	吉	凶	吉	凶

玄空自動找出每運好格局之房子

當今的房地產價格很高，每個人一輩子可能只能買一間房子，所以不能不慎重而為之，當您有機會購買房子時能參考陽宅學理論來做挑選，那就最好不過了。

以下的資料可提供您做最佳參考：

最優先選擇之坐向為【到山到向格】，次為【雙星到向格】，但不能選到有兼向之局。

經玄空陽宅理論【西元 2004 年至 2023 年，大運行下元八艮運】。

排名	大運	方位	運旺衰	特殊格局
1	八運	未山 丑向	到山到向	向星合十歸中局
2	八運	亥山 巳向	到山到向	
2	八運	巳山 亥向	到山到向	
2	八運	丑山 未向	到山到向	山星合十歸中局
2	八運	巽山 乾向	到山到向	
2	八運	乾山 巽向	到山到向	
3	八運	癸山 丁向	雙星到向	乾震離二、五、八
3	八運	乙山 辛向	雙星到向	巽坎兌二、五、八
3	八運	丙山 壬向	雙星到向	兌巽坎二、五、八
3	八運	庚山 甲向	雙星到向	離乾震二、五、八
3	八運	卯山 酉向	雙星到向	巽坎兌二、五、八
3	八運	子山 午向	雙星到向	乾震離二、五、八

最佳排名【一】之坐向格局

未山　丑向（到山到向）

八運未山是「到山到向」旺財丁，坐山八白當運星，旺丁，後面有靠山更佳；不能放水池（風水球），犯癌毒害，影響身體欠安。向上（明堂前）八白星到，宜開中門，見到水現白光，發財很快！

向上（明堂前）若有高樓大廈，是零神病符星，會影響前途。

東南	南	西南
63 七	17 三	85 五　座
74 六（東）	52 八	39 一（西）
28 二　向	96 四	41 九
東北	北	西北

最佳排名【二】之坐向格局

亥山　巳向（到山到向）

八運亥山是「到山到向」旺財丁，坐山後面要有靠山來助丁，忌放水池（風水球），很容易患頭痛，可放瓦斯爐向前面納旺氣，千萬不要開後中門納衰星氣，不吉！

向上（明堂前）旺星到，可開中門，見到水池（風水球），發財很快；向上（明堂前）若有房屋一樣高，當案山更佳。

東南	南	西南
18 七　向	53 三	31 五
東 29 六	97 八	75 一 西
64 二	42 四	86 九　座
東北	北	西北

巳山　亥向（到山到向）

在八運裡巳山是「到山到向」旺財丁，坐山要有靠山，人丁會更旺，如有水池（風水球），水現白光會助財源。向上（明堂前）見水池（風水球），水現白光，發財更快！

向上（明堂前）見有一排房屋，或是有案山來相助，謂之「回龍顧主」，賺錢才能存得住。

東南	南	西南
81 七 座	35 三	13 五
東 92 六	79 八	57 一 西
46 二	24 四	68 九 向
東北	北	西北

丑山　未向（到山到向）

八運丑山是「到山到向」旺財丁，坐後（屋宅後方）需要靠山，使住者們人丁會更旺。注意：要避開零神二黑氣進入。向上（明堂前）58在向，見有水池（風水球）或一片田地，水現白光，發財很快。

向上（明堂前）如果有一排房屋很高大，稱過頭屋，影響前途，發展困難。

東南		南		西南
	36 七	71 三	58 五　向	
東	47 六	25 八	93 一	西
	82 二　座	69 四	14 九	
東北		北		西北

巽山 乾向（到山到向）

在八運裡巽山是「到山到向」旺財丁，坐山要有靠山，人丁會更旺，如有水池（風水球），水現白光會助財源。向上（明堂前）見水池（風水球），水現白光，發財更快！

向上（明堂前）見有一排房屋，或是有案山來相助，謂之「回龍顧主」，賺錢才能存得住。

東南	南	西南
81 七 座	35 三	13 五
東 92 六	79 八	57 一 西
46 二	24 四	68 九 向
東北	北	西北

乾山 巽向（到山到向）

八運乾山是「到山到向」旺財丁，坐山後面要有靠山來助丁，忌放水池（風水球），很容易患頭痛，可放瓦斯爐向前面納旺氣，千萬不要開後中門納衰星氣，不吉！

向上（明堂前）旺星到，可開中門，見到水池（風水球），發財很快；向上（明堂前）若有房屋一樣高，當案山更佳。

東南	南	西南
18 七　向	53 三	31 五

東				西
	29 六	97 八	75 一	

64 二	42 四	86 九　座
東北	北	西北

最佳排名【三】之坐向格局

癸山 丁向（雙星到向）

八運癸山是「雙旺星到向」，向上（明堂前）見到水池（風水球），水現白光，旺財星；向上（明堂前）有一排房屋或案山，謂之「回龍顧主」，賺錢很快，又能存得住。店鋪大門宜留在中間，納八白氣才能旺財；前門留在龍邊，向星四為文曲星，是失令星，見水易犯桃花；門留虎邊，向星六為衰弱星，賺錢很辛苦；坐山山盤九為生運星，與向星八白謂之陰陽交媾，合稱丁財兩旺。

東南	南	西南
34 七	88 三 向	16 五
東：25 六	43 八	西：61 一
79 二	97 四 座	52 九
東北	北	西北

乙山　辛向（雙星到向）

在八運裡乙山是「雙旺星到向」，向上（明堂前）見有水池（風水球）或田地來助財源，向上（明堂前）還需要案山來助財源，謂之「回龍顧主」，有錢才能存得住。坐山43坐文曲死運星，影響人丁身體健康，需要安天地盤轉運法，才能住得平安順利。

東南	南	西南
52 七	16 三	34 五

東				西
	43 六　座	61 八	88 一　向	

97 二	25 四	79 九
東北	北	西北

丙山　壬向（雙星到向）

在八運裡丙山是「雙旺星到向」，向上（明堂前）需要見水池（風水球），水現白光，發財很快！向上（明堂前）有一排房屋或案山，謂之「回龍顧主」，賺錢很快，又能存得住。如果向上（明堂前）沒有案山來相助，只是一片寬闊平地，此屋雖然旺財，賺錢很快，但是花用金錢也很快！放水族箱或（風水球）助財源，可安冷氣機。坐山七赤衰星到，可留後門納九紫氣來助財運！

東南	南	西南
25 七	79 三 座	97 五

東		西
16 六	34 八	52 一

61 二	88 四 向	43 九
東北	北	西北

庚山 甲向（雙星到向）

在八運裡庚山是「雙旺星到向」，向上（明堂前）需要見水池（風水球），水現白光，發財很快。如果向上（明堂前）沒有案山來相助，只是一片寬闊平地，此屋雖然旺財，賺錢很快，但是花用金錢也很快！坐山34坐山蚩尤星，影響人丁發展，如果後面有高樓很逼近，會出強盜。此屋需要安天地盤轉運法，把房屋轉移合天運、合地運，給住者們人丁平安順利。

東南	南	西南
97 七	52 三	79 五
東 88 六 向	16 八	34 一 座 西
43 二	61 四	25 九
東北	北	西北

卯山　酉向（雙星到向）

在八運裡卯山是「雙旺星到向」，向上（明堂前）見有水池（風水球）或田地來助財源，向上（明堂前）還需要案山來助財源，謂之「回龍顧主」，有錢才能存得住。坐山43坐文曲死運星，影響人丁身體健康，需要安天地盤轉運法，才能住得平安順利。

東南	南	西南
52 七	16 三	34 五
43 六　座	61 八	88 一　向
97 二	25 四	79 九
東北	北	西北

（左：東；右：西）

子山　午向（雙星到向）

八運子山是「雙旺星到向」，向上（明堂前）見到水池（風水球），水現白光，旺財星；向上（明堂前）有一排房屋或案山，謂之「回龍顧主」，賺錢很快，又能存得住。店鋪大門宜留在中間，納八白氣才能旺財；前門留在龍邊，向星四為文曲星，是失令星，見水易犯桃花；門留虎邊，向星六為衰弱星，賺錢很辛苦；坐山山盤九為生運星，與向星八白謂之陰陽交媾，合稱丁財兩旺。

PS：以上所列舉的各坐向方位是本大運最好及次好之選屋建議，假如外局無法有圓滿的搭配，就必須用陽宅開運改運法來補強。

東南	南	西南
34 七	88 三　向	16 五
東 25 六	43 八	61 一 **西**
79 二	97 四　座	52 九
東北	北	西北

玄空自動找出每運壞格局之房子

好不容易有買房子的機會，所以不能不慎重而為之，當您有機會購買房子時能參考陽宅學理論來做挑選，那就最好不過了。

以下的資料是在陽宅學上，本元運中比較不好的坐向格局：

最好不要選擇之坐向為【反伏吟格】，次為【上山下水格】及【雙星到山格】，更不能選到有兼向之局。

經玄空陽宅理論【西元 2004 年至 2023 年，大運行下元八艮運】。

排名	大運	方位	運旺衰	特殊格局（優）	特殊格局（劣）
1	八運	戌山 辰向	上山下水		
1	八運	辰山 戌向	上山下水		
2	八運	申山 寅向	上山下水	合三般卦	反伏吟
2	八運	寅山 申向	上山下水	合三般卦	反伏吟
2	八運	坤山 艮向	上山下水	合三般卦	反伏吟
2	八運	艮山 坤向	上山下水	合三般卦	反伏吟
3	八運	丁山 癸向	雙星到山		
3	八運	辛山 乙向	雙星到山		
3	八運	壬山 丙向	雙星到山		
3	八運	甲山 庚向	雙星到山		
3	八運	酉山 卯向	雙星到山		
3	八運	午山 子向	雙星到山		

最差排名【一】之坐向格局

戌山　辰向（上山下水）

在八運裡戌山是「上山下水」損丁財，坐山一白不是當運星，但卻是未來生運星，勉強還可以；坐山後面要有靠山，也需要水來助財，後面如果有空地，可做假山噴水池（風水球），宜開後門納旺氣。

向上（明堂前）六白不合天運，開中門患頭痛；向上（明堂前）有房屋能顧丁顧財。

東南		南		西南
	86 七　向	42 三	64 五	
東	75 六	97 八	29 一	西
	31 二	53 四	18 九　座	
東北		北		西北

辰山　戌向（上山下水）

在八運裡辰山是「上山下水」丁衰財平，辰山要靠後氣來助財，坐山六衰星，丁不旺，需要安天地盤轉運法，才能使住者人丁身體健康。向上（明堂前）見有水池（風水球），水現白光，也會旺財源。

東南	南	西南
68 七　座	24 三	46 五
57 六	79 八	92 一
13 二	35 四	81 九　向
東北	北	西北

東　　西

最差排名【二】之坐向格局

申山　寅向（上山下水）

八運申山是「上山下水」損丁財，坐後（屋宅後方）不需要靠山，因坐山是零神二黑氣，會影響身體欠安！可開後中門納八白氣助屋運，此屋需要安天地盤轉運法，把房屋轉移合天運合地運，給住者們人丁平安順利。

向上（明堂前）五黃癌毒氣，如果沒有改氣口納新氣，此屋住不平安，陰人進入。

東南	南	西南
41 七	96 三	28 五　座
39 六	52 八	74 一
85 二　向	17 四	63 九
東北	北	西北

（東：左；西：右）

寅山　申向（上山下水）

八運寅山是「上山下水」損丁財，坐山五黃是死運星，影響身體欠安。向上（明堂前）二黑零神病符星，如果開中門全家人藥石不斷，有陰人出入。天運已轉變各八卦星數全變，如果沒有改換天心，此屋住不平安！

改制方法：坐山安天地盤轉運法，向上（明堂前）改氣口納新氣，只有玄空大卦有此方法改善，才能使住者們平安順利，配合日課效果良好少人知。

東南	南	西南
14 七	69 三	82 五　向
93 六（東）	25 八	47 一（西）
58 二　座	71 四	36 九
東北	北	西北

坤山 艮向（上山下水）

八運坤山是「上山下水」損丁財，坐後（屋宅後方）不需要靠山，因坐山是零神二黑氣，會影響身體欠安！可開後中門納八白氣助屋運，此屋需要安天地盤轉運法，把房屋轉移合天運合地運，給住者們人丁平安順利。

向上（明堂前）五黃癌毒氣，如果沒有改氣口納新氣，此屋住不平安，陰人進入。

東南	南	西南
41 七	96 三	28 五 座
東 39 六	52 八	74 一 西
85 二 向	17 四	63 九
東北	北	西北

艮山 坤向（上山下水）

八運艮山是「上山下水」損丁財，坐山五黃是死運星，影響身體欠安。向上（明堂前）二黑零神病符星，如果開中門全家人藥石不斷，有陰人出入。天運已轉變各八卦星數全變，如果沒有改換天心，此屋住不平安！

改制方法：坐山安天地盤轉運法，向上（明堂前）改氣口納新氣，只有玄空大卦有此方法改善，才能使住者們平安順利，配合日課效果良好少人知。

東南	南	西南
14 七	69 三	82 五 向
東 93 六	25 八	47 一 西
58 二 座	71 四	36 九
東北	北	西北

最差排名【三】之坐向格局

丁山　癸向（雙星到山）

在八運裡丁山是「雙旺星到山」，坐山後面有靠山，人丁會更旺，可放水槽或洗衣機，後面可做假山噴水池（風水球），助丁財兩旺。向上（明堂前）79是生運星，宜開中門，向上（明堂前）見有水池（風水球）或一片田地，水現白光，發財很快！前氣與後氣要合陰陽交媾，更佳！

東南	南	西南
43 七	88 三　座	61 五
52 六	34 八	16 一
97 二	79 四　向	25 九
東北	北	西北

東（左）　西（右）

辛山　乙向（雙星到山）

在八運裡辛山是「雙旺星到山」丁旺，坐山後面要有靠山，也需要水來助財，後面如果有空地，可做假山噴水池（風水球），宜開後門納旺氣。

向上（明堂前）文曲星不合天運，開中門犯桃花，向上（明堂前）若有高樓大廈，犯強盜。

東南	南	西南
25 七	61 三	43 五
東 34 六 向	16 八	88 一 座 西
79 二	52 四	97 九
東北	北	西北

壬山 丙向（雙星到山）

八運壬山是「雙旺星到山」，坐後（屋宅後方）需要靠山，也需要水來相助，居住者人丁會更旺。向上（明堂前）97在向，若見有水池（風水球）或一片田地，水現白光，發財更快！前氣與後氣要陰陽交合，才能旺財丁！

向上（明堂前）有一排房屋或案山，謂之「回龍顧主」賺錢很快，又能存得住。

東南		南		西南
	52 七	97 三 向	79 五	
東	61 六	43 八	25 一	西
	16 二	88 四 座	34 九	
東北		北		西北

甲山 庚向（雙星到山）

在八運裡甲山是「雙旺星到山」，坐山後面要有靠山助丁旺，也需要水池（風水球）來助財源，如果後面沒有靠山，自己種植樹木當靠山。向上（明堂前）43蚩尤星開中門犯劫，向上（明堂前）見水池（風水球）沒有案山，會出小偷。

甲山丁旺財衰，前門需要改氣口納新氣，才能使此屋變成丁財兩旺。

東南		南		西南
	79 七	25 三	97 五	
東	88 六 座	61 八	43 一 向	西
	34 二	16 四	52 九	
東北		北		西北

酉山　卯向（雙星到山）

在八運裡酉山是「雙旺星到山」丁旺，坐山後面要有靠山，也需要水來助財，後面如果有空地，可做假山噴水池（風水球），宜開後門納旺氣。

向上（明堂前）文曲星不合天運，開中門犯桃花，向上（明堂前）若有高樓大廈，犯強盜。

東南	南	西南
25 七	61 三	43 五
東 34 六　向	16 八	西 88 一　座
79 二	52 四	97 九
東北	北	西北

午山 子向（雙星到山）

在八運裡午山是「雙旺星到山」，坐山後面有靠山，人丁會更旺，可放水槽或洗衣機，後面可做假山噴水池（風水球），助丁財兩旺。

向上（明堂前）79是生運星，宜開中門，向上（明堂前）見有水池（風水球）或一片田地，水現白光，發財很快！前氣與後氣要合陰陽交媾，更佳！

	東南	南	西南	
	43 七	88 三 座	61 五	
東	52 六	34 八	16 一	西
	97 二	79 四 向	25 九	
	東北	北	西北	

PS：以上所列舉的各坐向方位是本大運較不好的坐向，如果要買房的話，盡量避開這些坐向。

以上範例所有的診斷內容，均從吉祥坊易經開運中心所研發的三元玄空軟體所列印出來，現代人找老師看陽宅如果能得到一本完整的堪輿規劃書，相信這種客戶服務鐵定會得到好評，如果您需要這套軟體請來電。

本陽宅系列的書共有五本：

（一）學會八宅明鏡，這本最簡單
（二）學會三元玄空，這本最好用
（三）學會乾坤國寶，這本最容易
（四）學會紫白飛星，這本最好學
（五）學會各派羅盤，這本最正確

三元玄空排盤軟體試用版安裝與功能解說

購買本書所贈送的三元玄空應用軟體安裝說明

安裝前一定要將防毒軟體關閉。

將光碟片放入光碟槽中，會自動安裝或直接按光碟機中的 Setup 鈕就可進行安裝。

本書附贈的三元玄空應用軟體功能解說

以下功能均可使用預覽，但不能列印，且只能使用一個月，一個月後即不能使用。

（如要永久使用及列印功能必須購買專業版洽：04-24521393 吉祥坊。）

陽宅學論斷系統
三元玄空派陽宅學論斷 請按此功能鍵
玄空1-9運24山格局圖
八字命盤
紫微命盤
安神二十四方位吉凶
吉祥羅盤介紹
陽宅診斷規劃書
各項開運制煞
館號修改
派別選擇設定作業
客戶資料備份
封面列印
離開
註冊號碼：3Y74-42UI

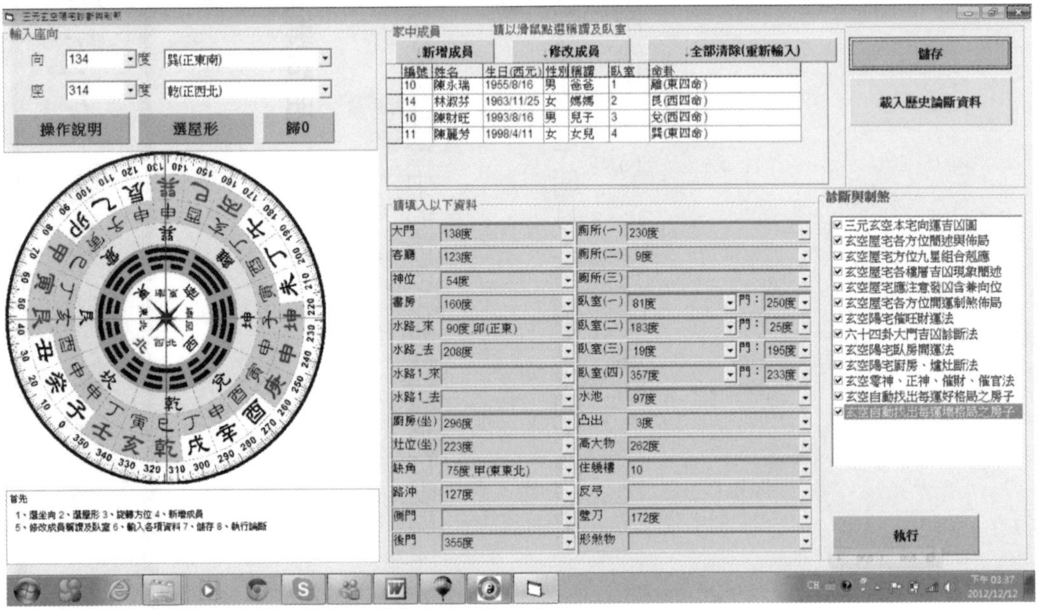
輸入座向
向 134 度 巽(正東南)
座 314 度 乾(正西北)
操作說明
選屋形
歸0
家中成員
請以滑鼠點選稱謂及臥室
新增成員
修改成員
全部清除(重新輸入)
儲存
載入歷史論斷資料
編號 姓名 生日(西元) 性別 稱謂 臥室 命卦
10 陳永瑞 1955/8/16 男 爸爸 1 離(東四命)
14 林淑芬 1963/11/25 女 媽媽 2 艮(西四命)
10 陳財旺 1993/8/16 男 兒子 3 兌(西四命)
11 陳麗芳 1998/4/11 女 女兒 4 巽(東四命)
請填入以下資料
大門 138度
客廳 123度
神位 54度
書房 160度
水路_來 90度 卯(正東)
水路_去 208度
水路1_來
水路1_去
廚房(坐) 296度
灶位(坐) 223度
缺角 75度 甲(東東北)
路沖 127度
側門
後門 355度
廁所(一) 230度
廁所(二) 9度
廁所(三)
臥室(一) 81度 門：250度
臥室(二) 183度 門：25度
臥室(三) 19度 門：195度
臥室(四) 357度 門：233度
水池 97度
凸出 3度
高大物 262度
住幾樓 10
反弓
壁刀 172度
形煞物
診斷與制煞
三元玄空本宅向運吉凶圖
玄空屋宅各方位簡述與佈局
玄空屋宅方位九星組合剋應
玄空屋宅各樓層吉凶現象簡述
玄空屋宅應注意發凶含兼向位
玄空屋宅各方位開運制煞佈局
玄空陽宅催旺財運法
六十四卦大門吉凶診斷法
玄空陽宅臥房開運法
玄空陽宅廚房、爐灶斷法
玄空零神、正神、催財、催官法
玄空自動找出每運好格局之房子
玄空自動找出每運壞格局之房子
執行
首先
1、選坐向 2、選屋形 3、旋轉方位 4、新增成員
5、修改成員稱謂及臥室 6、輸入各項資料 7、儲存 8、執行論斷
下午 03:37
2012/12/12

三元玄空 陽宅診斷與制煞專業版功能表

八字命盤列印
紫微命盤列印
安神二十四方位吉凶解說
吉祥羅盤介紹
各項開運制煞物品解說
陽宅診斷規劃書列印
三元玄空本宅向運吉凶圖
玄空屋宅各方位簡述與佈局
玄空屋宅方位九星組合剋應
玄空屋宅各樓層吉凶現象簡述
玄空屋宅應注意發凶含兼向位
玄空屋宅各方位開運制煞佈局
玄空陽宅催旺財運法
六十四卦大門吉凶診斷法

玄空陽宅臥房開運法

玄空陽宅廚房、爐灶斷法

玄空零神、正神、催財、催官法

玄空自動找出每運好格局之房子

玄空自動找出每運壞格局之房子

專業版軟體只要輸入坐向及各方位角度，軟體就可詳細列出各方位吉凶及如何開運制煞。如購買本書讀者，購買專業版軟體一律九折優惠。

吉謙坊命理開運中心服務項目

一、綜合姓名、面相、陰陽宅、八字命理諮詢	2000 元
二、綜合姓名學命書一本	1200 元
三、八字流年命書一本	1800 元
四、奇門遁甲求財、考試、旅遊、合夥、婚姻、購屋、訴訟、盜賊、疾病等等吉凶用事方位	1200 元
五、逢凶化吉，趨吉避凶轉運金牌（附八字流年命書）	5000 元
六、命名、改名（附八字流年命書，改名上表疏文）	3600 元
七、公司命名（附八字流年命書）	5000 元
八、擇日、起攢（撿骨）、火化、進塔	6000 元起
九、一般開市、搬家、動土擇日（附八字流年命書）	2000 元
十、嫁娶合婚擇日（附新郎、新娘八字流年命書）	3600 元

十一、剖腹生產擇日（必須醫生證明需要剖腹生產）	3600 元
十二、陽宅鑑定	6000 元
十三、陽宅規劃佈局（附男、女八字流年命書）	16000 元起
十四、入宅安香、安神、安公媽	10000 元起
十五、開運印鑑（附八字流年命書）（紅壇木、琥珀、赤牛角等，印鑑擇日開光）	9000 元
十六、開運名片（附八字流年命書，名片擇日開光）	3600 元
十七、數字論吉凶（找尋最適合自己的幸運數字，包括先天與後天數字）	500 元
十八、專題講座、喪禮服務、前世今生	電洽或面洽
十九、生基造福（此地產權與使用權清楚，達到催官、增壽、進祿、招財、保命、啟智之效，請參考 www.3478.com.tw）	電洽或面洽
二十、各類開運化煞物品（請參考 www.3478.com.tw）	電洽或面洽
廿一、賣屋動竅妙、訴訟必勝法、無法入睡、收驚尋人、考試投標助運等	電洽或面洽
廿二、八字（初中高階）、姓名學（多學派）、陰陽宅（多學派）、開運名片、開運印鑑、面相、擇日教學、安神公媽、避煞制煞妙法、國家丙級技術士禮儀師考證	電洽或面洽

服務處：高雄市茄萣區茄萣路二段 187 號

電話：07-6922600　李羽宸老師　行動：0930-867707

網址：http://www.3478.com.tw　E-mail:chominli@yahoo.com.tw

網址：http://3478.kk131.com

感謝各位讀者，購買本書，上網有免費線上即時論命、姓名、數字等吉凶。

吉祥坊易經開運中心服務項目

一、命理諮詢附八字詳批或紫微詳批	3600 元
二、命名、改名（用多種學派）、附八字命書一本	3600 元
三、一般開市、搬家、動土、擇日、附奇門遁甲擇日	1200 元
四、嫁娶合婚擇日 附新郎、新娘八字命書一本	3600 元
五、剖腹生產擇日 附36張時辰命盤優先順序	3600 元
六、陽宅鑑定及規劃佈局 附男、女主人八字命書一本	12000 元
七、開運印鑑 附八字流年命書一本	9000 元
八、吉祥印鑑	1800 元
九、開運名片附八字流年命書一本	3600 元
十、八字命理、陽宅規劃、姓名學初階班招生	電洽
十一、多種教學 VCD、DVD，請上網瀏覽	電洽
十二、姓名學、八字論命、奇門遁甲、紫微斗數、擇日軟體、前世今生、八宅明鏡、紫白飛星、三元玄空、乾坤國寶、數字論吉凶、開運養生等軟體請上網瀏覽	好用軟體特價
十三、各類開運物品或制煞物品，請上網查閱	電洽

PS：凡購買本書者，舉凡上列所有服務項目及本中心所有開運吉品一律9折優惠

國家圖書館出版品預行編目資料

學會三元玄空，這本最好用／黃恆堉、李羽宸著.
——第一版——臺北市：知青頻道出版；
紅螞蟻圖書發行，2014.2
面 ； 公分——(Easy Quick ; 136)
ISBN 978-986-6030-98-7（平裝附光碟片）

1. 堪輿

294　　　　103001371

Easy Quick 136

學會三元玄空，這本最好用

作　　者／黃恆堉、李羽宸
發 行 人／賴秀珍
總 編 輯／何南輝
校　　對／周英嬌、黃恆堉、李羽宸
美術構成／Chris'office
出　　版／知青頻道出版有限公司
發　　行／紅螞蟻圖書有限公司
地　　址／台北市內湖區舊宗路二段121巷19號（紅螞蟻資訊大樓）
網　　站／www.e-redant.com
郵撥帳號／1604621-1　紅螞蟻圖書有限公司
電　　話／(02)2795-3656（代表號）
傳　　真／(02)2795-4100
登 記 證／局版北市業字第796號
法律顧問／許晏賓律師
印 刷 廠／卡樂彩色製版印刷有限公司
出版日期／2014年 2 月　第一版第一刷
　　　　　2020年 3 月　　　第三刷(500本)

定價 300 元　港幣 100 元

ISBN 978-986-6030-98-7　　Printed in Taiwan